禪詩瑣觀 百七十三首

선시쇄관 173수

벽치병수 편저
삼벽자 소해
금진서강 窃看

禪詩瑣觀 百七十三首

선시쇄관 173수

碧峙病叟 編著

三碧子 素解

金津西江 窃看

학자원

선시쇄관서禪詩瑣觀序禪詩瑣觀序

선시禪詩란 하늘땅의 앞 소식을 몇 줄의 언어言語로 가리켜 보이는 겁외수작劫外酬酌이라 숙세宿世의 상근上根이 아니면 계합契合하기 어렵다. 그러나 그 가리킴을 어렴풋이 통해通解하거나 무엇을 알지 못하는지에 귀가 열리면 수행修行의 발걸음이 가벼워지는 묘약妙藥이라 하겠다.

그런고로 지혜智慧 높은 이가 개오開悟하여 묘명妙明을 보이거나, 한유閑遊하며 삼세三世를 지우고 일심광명一心光明을 나투거나, 뒷사람의 거울되는 묘지妙智를 드러내어 가리켜 보이는 글귀를 남겨 뒷사람을 깨우는 것이 선시禪詩의 묘미妙味라 하겠다.

지금 옛 사람의 묘지妙智가 번뜩이는 선시禪詩를 가려 뽑아 어스레 나열하는 까닭은, 이름과 모습을 알 수 없으나 과거세過去世 어느 세월에 소매를 마주쳤던 인연과 미래세未來世 차담茶談을 나누게 될 벗들의 행로行路에 한 바가지의 청한수淸寒水가 되고자 함이라 하겠다.

비록 상근上根의 지智가 아니면 선시禪詩에 합동合同하기 어렵다고 하나, 중근中根과 열근劣根의 범부라도 어느 때 어느 인연으로 자성自性을 반조返照하여 찰나에 합동合同하면 소오小悟할 수 있는 것이다. 옛말에 "소오小悟가 삼백三百이면 대오大悟한다."고 했다. 그 인연이 차서此書로 맺어지길 기대한다.

선시 173수 가운데는 견처見處와 경지境地따라 심천深淺이 있을 수 있다. 이는 부득이不得已한 일이다. 소해자素解者의 소견所見대로 평評을 두었으나 적확的確한 잣대인지 알 수 없다. 밝은 안목의 뒷사람이 지어至語와 조박糟粕을 가리기 바란다. 위의 두서없는 조언粗言으로 서敍를 삼는다.

단기 4357년 가을,

片雲이 月光을 戲弄하는 五更에

三碧子 識

차서次序

선禪을 말하고 작의作意를 두어 시詩를 읊조리는 것은 본분사本分事에 먹칠하는 것에 다름 아니니다. 그러나 말이 없으면 그 당체當體를 가리킬 수 없고, 그 가리킴이 진실하면 뒷사람을 깨우기에 원명圓明한 불빛이 되는 것이다. 현묘玄妙한 도道를 가리키되 혹 긴 말을 두어 설명하면 논지論旨만 남고 당체當體를 잊기 쉽기에, 영재穎才를 위한 방편으로 선시禪詩가 자리매김한 것으로 보인다.

이리 가리키고 저러히 밝혀도 혹 어긋나기도 하나니, 짧은 글귀로써 가리키고 물러나는 것이 한 가닥 묘妙한 방편方便이 되는 것이다. 그러기에 옛 현자賢者들이 몇 편의 선시禪詩를 남겨 뒷사람을 깨우고자 한 것이다. 선시禪詩를 읽자마자 공골空骨이 겉옷이 되고 성성惺惺이 속옷이 되는 것은 자품資品의 문제일 뿐, 그 기미가 이르지 않은 것이 아니다. 만약 한 편의 선시禪詩에 감흥感興이 일고 영지靈知가 드러나거든 고요히 관심觀心하여 홀연히 명名과 상相이 멸진滅盡하거든 허공虛空을 만져보실지라. 咄! 又哂!

凝白虛影 *

차례

선시禪詩 · 쇄관瑣觀

禪詩 第1目　　指路頌 達摩대사

外息諸緣　　외식제연
內心無喘　　내심무천
心如牆壁　　심여장벽
可以入道　　가이입도

바깥의 모든 인연因緣을 쉬고
안으로 망상妄想이 끊어져서
마음이 은산철벽 같으면
마침내 도심道心이 열리니라.

불법佛法에 뜻을 둔 이가 위의 십육자十六字에 충실하면 누구라도 개오開悟할 수 있다. 다만 자품資品과 정련精鍊의 깊이에 따라 개오開悟의 때가 다를 따름이다. 상근上根은 삼년三年, 둔근鈍根이라도 삼십년三十年을 욕파불능欲罷不能의 삼매三昧에 들어 관심觀心한다면 도道가 멀리 있는 것이 아니다.

마음공부[觀心法]란 관심觀心에 한결같음이 중핵中核이다. 유가儒家의 안회顔回는 조차造次(이리 저리 바뀌는 일상의 상황)와 전패顚沛(엎어지고 자빠지는 낭패를 본 상황)에도 삼월三月간 윤집궐중允執闕中하여 삼매三昧에 들었다가 대오大悟하여 공자의 허여許與를 받았다.

"외식제연外息諸緣 내심무천內心無喘"의 경계가 아니라면 관심법觀心法의 공부을 하더라도 효용이 적다. 이 도리를 간과하면서 그럭저럭 50년을 참선을 하고서도 진심眞心을 밝힌 이는 드물다. "외식제연外息諸緣 내심무천內心無喘"이 달마대사達磨大師의 심요心要이다.

수행자가 약간의 견처見處가 열린 후에도, 쉬이 퇴굴退屈하게 되는 까닭은 "外息諸緣 內心無喘"에 합동하지 못해 평상심平常心에 허물이 있기 때문이다. "外息諸緣 內心無喘"에 순일純一한 연후에 식념무천息念無喘의 문門에 들 수 있는 것이다.

식념부천息念無喘의 평상심平常心에 거처해야 도가 가까운 것이다. 선가귀감禪家龜鑑에 "망상妄想이 나지 않으면 능소能所가 없다.[不生者는 無能所也니라]"라 함이 바로 이 소식이다.

禪詩 第2目　啓導頌 黃檗希運선사

塵勞廻脫事非常　진로회탈사비상
緊把繩頭做一場　긴파승두주일장
不是一番寒徹骨　불시일번한철골
爭得梅花撲鼻香　쟁득매화박비향

티끌세상 벗어남은 보통의 일이 아닐세라,
공부 줄을 꼭 잡고 일장一場의 공부를 지으라.
매서운 추위가 뼛속을 통하지 아니하면
어찌 매화 향기가 코를 찌름을 얻으리오.

황벽선사가 초학자에 한결같이 수사선도守死善道의 노력으로 공부하여 개오開悟하라는 계도송啓導頌이다. 황벽희운黃蘗希運, ?~850 선사는 백장百丈, 720~814선사의 고제高弟요, 걸출한 제자에 배휴裵休거사와 임제臨濟, ?~867화상이 있다.

당세에 북쪽에는 규봉종밀圭峰宗密선사가 있었고, 중원에는 남전南泉화상과 조주조사趙州祖師가 대법大法을 드날리던 시절의 스승이다.

禪詩 第3目 悟道頌 張拙居士, 幻華

光明照寂遍河沙　　광명조적편하사
凡聖含靈共我家　　범성함령공아가
一念不生全體現　　일념불생전체현
六根纔動被雲遮　　육근재동피운차
斷除煩惱重增病　　단제번뇌중증병
趨向眞如亦是邪　　추향진여역시사
隨順世緣無罣碍　　수순세연무괘애
涅槃生死是空華　　열반생사시공화

광명적조光明照寂 항하사에 두루하고
범부성인 천동함령蚕動含靈 내 집에 함께라네.
일념一念이 나지 않으면 진성眞性이 현현하고
육근六根을 조금 움직여도 구름에 가리네.
번뇌 끊어 없애고자 함은 병을 더하고
진여眞如를 좇아 가니, 이 또한 삿[邪]되도다.
세상 인연 좇아도 걸림 없나니
열반涅槃과 생사生死, 공화空華일세.

장졸거사張拙居士는 약 840경 태어나 910년경 기세棄世한 인물이다. 세거世居시기는 만당晩唐과 북송초北宋初의 천의의회와 비슷한 시기 인 듯하다. 석상경저石霜慶儲, 805~888선사의 문인이다.

석상石霜스님이 장졸수재張拙秀才의 이름을 묻고는 "교巧를 찾아도 가히 얻을 수 없는데, 졸拙이 어떻게 나왔는고?"라 하였다. 이에 장졸수재張拙秀才가 깨달은 바 있어 게송偈頌을 지어 석상石霜스님에게 올렸다. 오도송의 내용에 선지禪旨가 적통的通하고 설리說理가 요연하다. 뒷 선객이 찬탄하는 게송이라 하겠다. 수재秀才란 재주가 한 세상을 뚫었으나 세속에 한거하여 벼슬에 뜻이 없는 인물을 강제로 천거하여 주는 벼슬이름이다.

명明의 사대고승 중의 한분인 자백진가紫栢眞可, 1542~1603대사가 장졸의 게송 환화幻華를 읽다가 개오開悟하였다. 자백진가紫栢眞可는 북송北宋의 고승高僧 혜홍각범慧洪覺範의 후신이다. 이밖에 북송과 남송의 많은 선객禪客들이 환화幻華를 읽다가 견처見處가 열린 이가 다수多數라 전한다.

운문선사雲門禪師, 864~949의 회상에 어떤 객승이 와서 "光明照寂遍河沙 凡聖含靈共我家 一念不生全體現 六根纔動被雲遮"라 읊으니, 운문선사[864~949]가 "그것은 장졸수재의 게偈가 아닌가?"라 한 일화가 있다. 이렇듯 수많은 선자禪子들이 음송吟誦하며 그 적처的處를 더듬었던 것이다.

禪詩 第4目 　　指路頌 龐蘊거사

十方同聚會　시방동취회
箇箇學無爲　개개학무위
此是選佛場　차시선불장
心空及第歸　심공급제귀

시방十方의 학인이 한데 모여
개개箇箇가 무위無爲를 배우네.
여기는 부처 뽑는 공부처소工夫處所.
심공心空을 깨쳐 급제해 돌아가누나.

방거사龐居士, ?~808의 '학무위송學無爲頌' 이후로 선방禪房의 별칭이 선불장選佛場이 되었다. 학무위學無爲란 무심無心을 밝혀서 무위無爲에 나아가는 것이다. 대오大悟 연후에 무위에 거닐 수 있다. 무위란 무심無心의 대용大用을 가리킨다.

무위無爲의 경지에 등차가 있는 것은 경지에 차별이 있기 때문이다. 택멸무위擇滅無爲, 비택멸무위非擇滅無爲, 대적무위大寂無爲 등이다. 무잡적연無雜寂然의 무위지無爲地가 대적무위大寂無爲이다.

禪詩 第5目　　指路頌 平田普岸선사

神光不昧萬古徽猷　　신광불매만고휘유
入此門來莫存知解　　입차문래막존지해
大道虛曠常一眞心　　대도허광상일진심
善惡勿思神淸物表　　선악물사신청물표
隨緣飮啄更復何爲　　수연음탁갱부하위

신광神光은 어둡지 않나니, 만고의 드밝은 길.
이 문에 들려하거든 지해知解를 두지 말라!
대도란 하나의 진심眞心이 항상히 비어 밝음이라.
선악善惡을 생각지 않으면 신광神光이 드러나니라.
인연따라 마시고 탁마하나니, 또다시 다른 일이 있을 것인가?

평전보안平田普岸선사는 백장百丈선사의 문인이다. 신광神光이란 진심眞心의 본태本態이다. 진심眞心의 본태本態를 설명하여 청정광명淸淨光明 또는 청정각명淸淨刻銘 또한 공적영지空寂靈知라고 설명한다. 청정광명淸淨光明은 황제헌원黃帝軒轅의 말이요, 청정각명淸淨覺明은 능엄경楞嚴經의 설명이요, 공적영지空寂靈知는 하택신회荷澤神會의 지어指語이다.

"선악善惡을 생각지 않으면…"은 단경壇經의 말씀인데 절려망언絶慮忘言을 뜻한다. 허광虛曠은 비고 밝음이요, 선악물사善惡勿思는 망심妄心없이 생각하라는 뜻이니 곧 참선의 요체이다. 탁啄은 탁마琢磨이다. 啄과 琢은 같은 글자다.

마음공부의 길은 지해知解를 두지 않고 생각의 길이 끊어져야 신광神光이 드러나는 것, 다른 길이 있지 아니하다. 그런고로 평전보안平田普岸선사의 게송이 곳곳의 산문山門에 걸려 있는 것이다.

禪詩 第6目　　　指路頌 臨濟선사, 無修

若人修道道不行　약인수도도불행
萬般邪境競頭生　만반사경경두생
智劍出來無一物　지검출래무일물
明頭未現暗頭明　명두미현암두명

도道를 닦는 것이라 한다면 도道는 행行해지지 않을지니
온갖 삿邪된 소견이 다투어 일어날 따름이니라.
지혜 칼 휘둘러 한 물건一物도 없으면,
밝음이 나타나기 전에 어둠이 밝음 되나니라.

임제의현臨濟義玄, ?~866선사는 임제는 황벽黃檗선사의 문인이다. 임제臨濟란 범부를 교화하여 건진다는 의미이다. 의현義玄이 임제원臨濟院에서 교화하였으므로 법호가 되었다.

임제화상이 도道는 닦는 것이 아니라 한다. 도를 닦는 것이라고 이해하면 불법과는 멀어지는 것이다. 불법은 다만 정념情念을 쉬고 쉬어 마침내 자성自性을 깨치는[覺] 공부인 것이다. 그 깨침은 보태고 뺄 것 없는 깨침이므로 회복回復이라 하고, 또 귀歸라 하는 것이다. 임제의 스승, 황벽黃檗화상이 배휴거사裵休居士에게 이른다.

"도道가 어떤 물건이기에 그대는 닦으려하는가?[道是何物이건대 汝欲修行고?]"

이 말 끝에 배휴거사裵休居士가 홀연忽然 깨쳤다. 만약 도道가 닦음의 차례次例와 적행積行에 있지 않음을 알게 된다면 도道와 가까워 진 것이다. 달마대사의 무심론無心論에 이른다.

"일체의 일상 가운데서 항상한 무심無心을 깨쳐 마치면 이것이 곧 수행修行이니라[一切事上에 覺了無心이면 卽是修行이니라]."

이러함이 수행의 본원本源이다. 각료무심覺了無心 이후의 수행修行은 무수이수無修而修이다. 무수無修와 무수이수無修而修 뜻을 밝히 알지 못하면 갈 길이 멀다고 하겠다.

자성自性은 본래本來의 밝음이며 불변不變의 밝음이다. 그러므로 문득 망념妄念을 쉬면 본래本來의 밝음이 나타나는 것이다. 그 나타남은 오직 찰나刹那의 깨침에 있기에, 역대의 스승들께서 "찰나刹那라! 찰나刹那라!" 하신 것이다. 불법은 시始도 각覺이요, 종終도 각覺이다. 고로 각교覺敎라 이름 한 것이다.

"無一物"과 "明頭未現暗頭明"의 구句가 임제화상臨濟和尙의 직지기량直指伎倆이다.

禪詩 第7目 逍遙頌 未詳, 堂堂的的

生時的的不隨生	생시적적불수생
死去堂堂不隨死	사거당당불수사
生死去來不干涉	생사거래불간섭
正體堂堂在目前	정체당당재목전

날 때에, 적적的的히 생生을 따르지 아니하고
죽을 때에, 당당堂堂히 죽음을 따르지 않네
나고 죽고, 가고 옴에 간섭 없거니
참나[眞我]는 당당堂堂하게 눈앞에 두렷하다네.

소해 素解

적적寂寂은 명확히 모습 없는 모양이요, 당당堂堂은 의젓 태연함이다. 몸과 정념情念을 인연因緣하여 생긴 인생사人生事는 아지랑이와 그림자와 같은 한 때의 환몽幻夢이다.

이미 환몽幻夢인 줄 알았다면, 어찌 근심과 시름이 있겠는가? 진심眞心이 현전現前하는 이는, 사생死生에 적적당당的的堂堂하여 초연超然한 것이다. 그러므로 방외方外의 나그네는 무우무구無憂無懼에 거처한다.

禪詩 第8目　　指路頌 自痴선사

道無利我我常利	도무이아아상리
境不痴人人自痴	경불치인인자치
冥合八風不動處	명합팔풍부동처
可爲三界獨尊處	가위삼계독존처

도道는 내게서 이利없으나, 나에게 항상 이利롭고,
경계는 사람을 속이지 않건만 사람이 스스로 어리석네.
팔풍八風이 일지 않는 경지에 그윽히 합동하면
이름 하건대 삼계에서 가장 드높은 곳일세라.

명冥은 그윽하다는 뜻이다.

팔풍八風은

이利[이익이 되는 것],
쇠衰[정신을 쇠약케 하는 것],
훼毁[훼방이나 비난, 욕설을 듣는 것],
예譽[명예스러운 일],
칭稱[칭찬 듣는 것],
기譏[비방이나 속임을 당하는 것],
고苦[괴로운 일],
락樂[즐거운 일]

을 말한다. 진심眞心을 밝히면 팔풍八風이 절로 쉬는 것이다. 시의 풍격風格은 제병풍除病風이다.

禪詩 第9目　　指路頌 一愚宗壽선사, 大智

古今大智人　고금대지인
念念知幻身　념념지환신
知幻便離幻　지환변리환
堂堂現本身　당당현본신

예나 지금이나 대지혜인大智慧人은
생각 생각에 환신幻身을 알았니라.
환幻인줄 알아서 환幻을 여의면
당당하게 참나[眞我]가 나타난다네.

마음공부는 오직 성性을 밝혀 환幻이란 도둑을 잡는 일이다. 만약 참나[眞我]가 드러나면 일체의 마음[妄心]이 환幻인 줄 분명히 아는 것이다. 여기서 마음이란 망심妄心을 뜻한다. 참나[眞我]가 현현顯現하면 망아[妄我]가 사라지는 것이니 또한 도둑의 장물贓物도 없는 것이다.

원각경圓覺經에 '환幻을 여의면 곧 진眞이다[離幻則眞].'라 하였다. 범부는 칠정七情의 정념情念을 참마음으로 오인誤認하기에 범부라는 이름과 병病이 있는 것이다.

이 진정도리眞正道理를 믿고 이해하기 쉽지 아니하다. 그러나 이 문門을 열지 못하면 어두운 인생에서 벗어날 수 없는 것이다. 시의 풍격風格은 상지중품上之中品이다.

禪詩 第10目 指路頌 冶父道川선사, 不思

虛空境界豈思量 허공경계기사량
大道淸幽理更長 대도청유이갱장
但得五湖風月在 단득오호풍월재
春來依舊百花香 춘래의구백화향

허공경계虛空境界를 어찌 헤아려 아리오.
대도大道는 해맑고 그윽하여 만세의 등불이나니.
다만 오호五湖에 풍월風月을 싣고자 하는가
봄이 오면 예대로 온갖 꽃 피느니라.

황벽黃檗선사와 백봉白峰거사가 마음을 가리켜 "심여허공心如虛空"이라 했다. 마음이 허공과 같다는 뜻이다. 마음을 허공과 같다는 설명에 허공장보살경虛空藏菩薩經이 있다. 마음을 허공虛空이라 해도 한 점의 허물이 없지 않으나, 마음의 설명에 허공虛空만큼 가까운 비유는 없다. 허공설虛空說은 비유이다. 허공은 영지靈知가 없다.

노자老子는 마음을 곡신谷神에 비유하였다. 곡신은 모습이 없으나 부르면 반드시 응답[메아리]이 있다. 응답이 있으므로 신神이라 하는 것이다. 선리禪理는 이러히 간명簡明하나 범부凡夫의 헤아림을 인하여 번다한 추측이 나는 것이다. 허공경계虛空境界란 진심眞心의 내용이 진공묘유眞空妙有임을 허공에 비유하여 읊은 것이다.

황벽선사가 어느 때 "그대가 허공이다" 하였다가, 다른 때에 "허공은 진심眞心의 비유이다"라 하였다. 선지식善知識은 사람과 때에 따라 설을 하나니, 그 말을 잘 알아들어야[知言] 한다. 맹자孟子가 '지언知言'한 것은 공자孔子 말씀의 본의本意를 알아들었다는 뜻이다. 성지聖旨는 그 본의本意를 통해해야 배명억해背明臆解에 떨어지지 않는 것이다. 시의 풍격風格은 본지풍광本地風光을 가리켰다.

禪詩 第11目 開悟頌 白居易, 竹影

竹影掃階塵不動 죽영소계진부동
月色穿潭水無痕 월색천담수무흔
水流任急境常靜 수류임급경상정
花落雖頻意自閑 화락수빈의자한

죽영竹影이 뜰을 쓰나, 섬돌의 티끌은 부동不動일세,
달빛이 못을 뚫어도, 물에는 흔적痕迹이 없노라.
물 흘러 급함에 맡길지나 경계境界는 항상 고요할세,
꽃이 짐이 비록 잦으나 그 뜻에 스스로 한가하구나.

낙천樂天 백거이白居易, 772~846는 불광여만佛光如滿, 귀종지상歸宗智常에게 배우고, 조과도림鳥窠道林에게서 개오開悟하였다. 향산거사香山居士라 자호自號하였으며 늘 범부를 사랑하여 범부의 곤궁과 걱정거리를 화평으로 나누고자 시광詩狂의 이름을 피하지 않고 읊어 뒷사람이 광대교화주廣大敎化主라 부른다. 백거이는 도연명陶淵明의 후신後身이요, 소동파蘇東坡의 전신前身이다.

개오송開悟頌 '죽영竹影'은 널리 회자되어 후당後唐·북송北宋·남송南宋·명明에 이르도록 달사達士들이 인용하고 개음改吟하였다.

백거이白居易의 개오송을 읽음에 죽영竹影과 월색月色이 가리키는 바가 무엇인지 밝히 알아야 한다. 백거이가 지견知見이 생하여 몽환夢幻과 적연부동寂然不動과 한래무사閑來無事를 그려 보인 내용을 간파看破해야 시취에 합동하는 것이다.

죽영竹影과 월색月色은 생멸심生滅心 즉 정념情念에 빗댄 것이니 곧 몽환夢幻을 이른 것이요, 수급경정水急境靜은 적연부동寂然不動을 가리킨 것이요, 화락자한花落自閑은 한래무사閑來無事를 그린 것이다. 시취詩趣가 가히 밝으나 백거이 떠난 약 300년 후에 도솔종열兜率從悅, 1044~1091선사가 한마디 거들어 "죽영보정竹影步庭"으로 개음改吟하였다. 도솔종열은 유봉종열惟峰從悅과 같은 인물이다.

竹影步庭塵不動 죽영보정진부동
月光穿海水無痕 월광천해수무흔
水流隨急自閑流 수류수급자한류
花落多少無情遊 화락다소무정유

대 그림자 뜰을 거닐어도, 티끌은 부동이라
달빛이 바다를 뚫어도 물에는 흔적이 없다네.
물 흘러 급함을 따르나 스스로 한가히 흐를세라.
낙화가 다소간에 무정無情으로 청유淸遊하니라.

유봉종열이 백거이의 개오송 개음改吟하여 임성수연任性隨緣의 한유閑遊를 더하였다. 또한 '소계掃階와 천담穿潭'을 '보정步庭과 천해穿海'로 고쳐 읊은 것은 천지만물을 한 점의 티끌로 보는 탁견卓見에 거처하여 '이러히 읊어야'라는 의意가 있는 것이라 하겠다. 유봉은 무진無盡거사 장상영張商英의 스승이다. 임종설법이 일품이다.

남송南宋의 야보도천冶父道川이 또 읊는다.

借婆衫子拜婆門 차파삼자배파문
禮數周旋已十分 예수주선이십분
竹影掃階塵不動 죽영소계진부동
月穿潭底水無痕 월천담저수무흔
三日修心千載寶 삼일수심천재보
百季貪物一朝塵 백계탐물일조진

할미 적삼 빌려 할미 집에 절하매
주선周旋의 예禮 갖추기에 넉넉하였오.
대 그림자가 뜰을 쓰나 먼지 한 점 일지 않고
달이 물밑을 뚫었건만 물에는 흔적 없구려.
삼일 수심은 천년의 보배요
백년에 탐물은 하루아침의 티끌이로다.

백낙천白樂天의 죽영송竹影頌에 북송北宋의 도솔종열兜率從悅이 죽영竹影빌려 읊더니, 남송南宋의 야보도천冶父道川이 주선周旋 가운데 묘용妙用을 적시摘示하였다. 파婆는 할미요, 삼衫은 적삼이다. 주선周旋은 맹자의 말로서 행주좌와行住坐臥와 같은 뜻이다. 시의 풍격風格은 상지중품上之中品이다. 야보冶父는 정인계성淨因繼成의 법을 이었다고 한다. 선객의 평에 야보冶父의 "借婆衫子拜婆門 / 禮數周旋已十分"를 칠통漆桶 속의 광명이라 한다. 의해意解하면 "부처님의 설을 투득하여 부처님께 예배하노니 / 어묵동작語默動作에 부족함이 없도다."라 풀 수 있다.

남송南宋의 나그네가 다시 거든다.

竹影掃階塵不動 죽영소계진부동
月穿潭底水無痕 월천담저수무흔
入海算沙徒費力 입해산사도비력
枯木生花別是春 고목생화별시춘

죽영이 뜰을 쓰나, 섬돌의 티끌은 부동不動이거이

달빛이 못 바닥을 뚫어도, 물에는 흔적이 없노라.
바다 속에서 모래 세는 것, 헛힘 쓰는 것이라,
고목枯木에 꽃핌이 별춘別春이니라.

이 나그네는 천지만물과 한 몸인 도리와 심춘心春이 만세불노萬世不老함을 드러냈다. 또한 채근담菜根譚을 지은 명明의 홍자성洪自誠이 글자 둘을 바꾸어 "月輪穿沼水無痕"이라 노래한다. 沼[늪]는 졸개拙改라 하겠다. 백거이의 '죽영竹影'은 진심眞心이 홀연히 드러나매 망심妄心이 본무本無함을 알았다는 소식이다.

만약 환심幻心을 밝히 알지 못한다면, 이러히 차의借意하여 음송해도 구이지학口耳之學을 면하기 어렵다. 백거이가 망심본무妄心本無를 깨쳤으나 공부가 미진함이 있어 숙세宿世에 노력하더니 삼백년 후, 소동파蘇東坡로 나타나 마침내 대적무심大寂無心에 합동하였다. 선자禪者가 깊이 살펴야할 대목이다. 咄!

禪詩 第12目　　指路頌 豐干선사, 本無

本來無一物　본래무일물
亦無塵可拂　역무진가불
若能了達此　약능료달차
不有坐兀兀　불유좌올올

본래 하나의 물物도 없거니,
털어야 할 티끌도 또한 있지 아니하네,
만일 이 뜻을 깨달아 안다면
구태여 꼿꼿이 앉을 것 없니라.

소해 素解

"본래무일물本來無一物"이란 본래로 한 점의 마음[妄心]도 없다는 뜻이다. 만약 일물一物의 뜻에 밝지 못하고 막연히 마음을 고요히 하고자한다면 지혜가 어두운 것이다.

다시 말해 진심眞心과 망심妄心을 확연히 구별하지 못하면, 좌선坐禪해도 이익이 적다는 의미이다.

고덕古德이 '미심수도迷心修道 도로염정徒勞念靜'이라 하였다. 즉 진심眞心을 밝히 알지 못하고 다만 마음을 고요히 하는 수행은 헛수고라는 것이다.

禪詩 第13目 指路頌 李奎報, 幻弄

造物弄人如弄幻	조물농인여농환
達人觀幻似觀身	달인관환사관신
人生幻花同爲一	인생환화동위일
畢竟誰眞誰匪眞	필경수진수비진

조물[情念]은 사람 놀리기를 꼭두각시 놀리듯 하고
달인達人은 환幻을 몸 보듯 쉬이하네.
인생과 환화幻華가 하나의 환幻일지니,
필경 누가 참이며 누가 참이 아닌가?

범부는 정념의 작용이 애증시비愛憎是非와 부단탐욕不斷貪慾에 거처하여 그 학습과 판단이 끝이 없다. 고로 그 마음이 환幻인 줄 자각하지 못하는 것이다.

알지라! 정념情念은 사람을 꼭두각시 놀리듯 하고, 달인은 환幻을 다만 환幻이라 하는 줄을…….

열자列子가 늘그막에

"이제사 정情이 환幻인 줄 알았다."

라고 하였다. 열자列子가 정情이 환幻인 줄 알지 못했다면 그저 세론世論 가운데 철리哲理를 주장하는 선악객善惡客에 불과했을 것이다.

게偈의 작자 이규보李奎報의 호는 백운거사白雲居士이다. 시詩 거문고 술을 좋아하여 삼혹호三酷好선생이라 불렸다. 이규보가 늘그막에 호등소견弧燈所見이 생하여 환농幻弄을 읊은 것이다.

禪詩 第14目　指路頌 四溟松雲선사, 疑團

萬疑都是一疑團	만의도시일의단
疑去疑來疑自看	의거의래의자간
須是拏龍打鳳去	수시나룡타봉거
一拳打倒鐵城關	일권타도철성관

만 가지 의문은 원래 하나의 의문
가며오며 의심하면 의심 당처 절로 보이네.
모름지기 용龍을 붙잡고 봉鳳을 쳐서
일권에 환성幻城의 관문을 쳐 없앨지니라.

나拏는 붙잡는 것이요, 철성관鐵城關은 환성幻城의 관문關門이다. 미혹迷惑할 시엔 철옹성일지나 깨고 나면 다만 환성幻城일 뿐이다.

시취詩趣가 공부工夫의 관문關門을 가리킨다.

禪詩 第15目　　指路頌 鏡虛惺牛선사, 不留

一默禪心清　일묵선심청
對物最分明　대물최분명
猶如風過竹　유여풍과죽
竹中不留聲　죽중불유성

한 번에 선정禪定에 드니, 선심禪心이 드맑아
경계에 응하매 공적영지空寂靈知가 뚜렷하거니
[이 일이라] 바람이 대숲을 지남과 같나니
대숲에 바람소리가 머물지 아니누나.

소해 素解

경허성우鏡虛惺牛, 1835~1912선사의 지로송指路頌이다. 일묵一默은 선정禪定에 드는 것이요, 불유不留는 망심妄心에 머묾이 없는 것이니 곧 무주無住이다.

불유不留란 금강경金剛經의 응무소주이생기심應無所住而生其心의 무주無住 소식이다. 시취詩趣는 지로指路요, 풍격風格은 무주無住에 거처한다.

禪詩 第16目　　指路頌 黃庭堅, 觀仁

癡屬根本業　치속근본업
愛爲煩惱阬　애위번뇌완
輪廻幾許劫　윤회기허겁
只爲造迷盲　지위조미맹

어리석음으로 근본업根本業에 붙어
사랑은 번뇌煩惱의 비파를 뜯네.
얼마나 오랜 겁劫을 윤회 하였던가.
미혹迷惑하여 눈 먼 채로,

輪廻幾許劫　윤회기허겁
不解了無明　부해료무명
君看渡奈河　군간도내하
誰是嘍囉漢　수시루라한

오랜 겁劫을 윤회하는 동안
무명無明을 풀지 못하였네.
그대들이 내하[死門]를 건널 적에
누가 수다쟁이를 옳다고 하랴.

寄語諸仁者　기어제인자
仁以何爲懷　인이하위회
歸源知自性　귀원지자성
自性卽如來　자성즉여래

말로만 인仁이라 하는 자들아,
인仁을 어찌 품을 수 있겠는가.
근원으로 돌아가 자성自性을 알면
자성自性이 곧 여래如來라네.

황정견黃庭堅, 1045~1105은 황룡조심黃龍祖心선사에게서 개오開悟하였다. 장졸張拙, 소식蘇軾, 장상영張商英과 더불어 북송의 사대거사四大居士이다. 황정견이 도道를 알지 못하면서 입으로 무심無心이니, 소요逍遙니, 인仁이니 하며 거들먹거리는 문사文士를 나무라며 관인觀仁을 지었다.

인仁은 성性의 본태本態를 형용한 덕德의 이명異名이다. 고로 인자仁者 연후에 비로소 무위無爲를 알아서 도심道心에 입문入門하여 거처하는 것이다. 황정견은 소문사학사蘇門四學士의 수인首人이다.

禪詩 第17目　　指路頌 浮雪居士, 空寂

共把寂空雙去法	공파적공쌍거법
同棲雲鶴一間庵	동서운학일간암
已知不二歸無二	이지부이귀무이
誰問前三與後三	수문전삼여후삼
閑看庭中范艶艶	한간정중범염염
任聆窓外鳥哺晴	임영창외조포청
能令直入如來地	능영직입여내지
何用區區久歷參	하용구구구역참

공空과 법法을 잡았으나 모두 잊었거니,
구름과 학을 벗하여 한 칸 초려草廬에 지낸다네.
알았노라! 불이不二가 무이無二에 돌아감을,
누가 묻는가? 전삼삼 후삼삼의 도리를.
한가히 뜰을 보매 풀꽃은 염염艶艶하나니
초연超然히 창 밖에 지저귀는 새소리 듣노라.
능히 곧바로 여래지如來地에 들어야 하거늘
어찌 구구하게 오랜 세월 참선參禪하리오.

부설거사는 신라 선덕善德여왕 때?~671의 인물이다. 원효대사617~686와 동시대 인물이나 그 족적의 선후를 알 수 없다. 혹 중국의 방거사龐居士와 그 가족을 본 뜬 가상의 인물인지도 모른다. 실존과 가상을 떠나서 부설거사의 게송은 대지大地를 가르고 허공虛空을 쪼개는 소식이라 하겠다.

전삼삼前三三 후삼後三三이란 성性의 적연부동寂然不動을 가리킨다. 적연부동寂然不動은 불천不遷이요, 원시반종原始反終의 뜻이니 곧 도심불사道心不死의 뜻을 감추고 있다.

공적空寂의 마음이 현전現前하면 공적空寂의 언어言語가 자취를 감추고 공적空寂을 가리키는 손가락만 허공을 가른다. 부설거사가 뒷사람을 깨움이 드밝다. 시취詩趣는 지로指路요, 풍격風格은 대지大指이다.

禪詩 第18目 指路 浮雪居士, 無緣知

悟從平等行無等	오종평등행무등
覺契無緣度有緣	각계무연도유연
圓珠握掌丹青別	원주악장단청별
明鏡當臺胡漢顯	명경당대호한현
處世任眞心廣矣	처세임진심광의
在家成道軆伴然	재가성도체비연
認得色聲無罣碍	인득색성무가애
不須山谷坐長連	불수산곡좌장연

깨친 이는 평등을 따라 무등無等을 행하고
깨달음은 무연無緣에 계합하여 유연有緣을 건지네.
둥근 구슬을 손에 쥐어 붉고 푸름 분별分別하나니
밝은 거울에 진지眞知가 뚜렷하도다.
진성眞性에 거처居處하니, 마음은 허공虛空이라
마을에서도 진체眞體와 합하면 도道를 이루니라.
빛깔과 소리의 오음五陰에 걸리는 바 없으면,
깊은 산골에서 오래 앉을 것이 없을레라.

부설浮雪거사가 "깨친 이는 평등平等을 따라 무등無等을 행하고 / 깨달음은 무연無緣에 계합하여 유연有緣을 건지네."라 한다. 이 구절句節은 교敎의 고설高說이요, 선禪의 주춧돌이다.

무등無等은 열반경涅槃經의 "일체중생실유불성一切衆生悉有佛性"을 설해하여 세상의 본래평등과 본래태평本來太平을 가리키고, 무연無緣은 공적영지空寂靈知의 본태本態를 설명하는 것이다. 무연지지無緣之知는 영가현각永嘉玄覺대사의 묘설妙說인데, 부설거사 역시 각覺의 당연지當然知로 설해하여 게偈를 남겼다.

무등無等과 무연無緣은 불교사상의 정수精髓이다. 시취詩趣는 지로指路요, 풍격은 시공時空 밖이다.

禪詩 第19目　　指路頌 雲門文偃선사, 日惺

萬里足下靑　만리족하청
東山水上行　동산수상행
吾道此是中　오도차시중
行之貴日惺　행지귀일성

만리萬里 허공虛空이 발아래 푸르른데
동산東山이 물 위를 가누나.
나의 도道는 이 가운데 있나니
[남은] 공부에 나날이 성성惺惺함을 귀히 여길 뿐.

"萬里足下靑"은 천연天然의 도道를 드러낸 것이요, "東山水上行"은 환幻을 가리킨다. 뒷날의 납자들이 "東山水上行"을 화두話頭로 삼고 지해知解를 두려워하는 것은 문자文字의 향기를 찾지 못한 까닭이다.

"吾道此是中"은 초연超然히 소요逍遙함을 드러낸 것이요, "行之貴日惺"은 오후悟後의 공부를 보인 것이다. 오후悟後의 공부는 반드시 "그 사람"이라야 밝히 알고 행할 수 있다. 누가 있어 무수이수無修而修의 공부를 설명하고 보여 주는가? 옛사람은 다음 세상의 푸른 눈을 기다리고, 오늘의 명사明師는 "그 사람"을 기다린다.

운문雲門선사는 설봉雪峰의 법좌를 양보 받았다. 이는 그 사람이라야 그 사람을 알아보는 것을 보여준다. 이로써 숙세의 기봉機鋒이 숨어 있는 것을 짐작할 수 있다고 할 것이다. 운문雲門은 중국 선가禪家에 문학제일文學第一로도 알려져 있다.

禪詩 第20目　　指路頌 兜率從悅선사, 不犯

等閑行處步步皆如　등한행처보보개여
雖居聲色寧滯有無　수거성색영체유무
一心非異萬法非殊　일심비이만법비수
休分體用莫擇精粗　휴분체용막택정조
臨機不疑應物無拘　임기불의응물무구
是非情盡凡聖皆除　시비정진범성개제
誰得誰失何親何疏　수득수실하친하소
拈頭作尾指實爲虛　념두작미지실위허
飜身魔界轉脚邪塗　번신마계전각사도
了無逆順不犯工夫　요무역순불범공부

등한等閑히 행하는 곳, 걸음걸음 다 진여眞如일세.
비록 소리와 빛깔에 거처하나, 유有와 무無에 막힘이 없네.
일심一心은 다른 것이 아니요, 만법萬法은 나눌 것 아니거다.
체體와 용用, 나눌 것 없고, 정精과 조粗를 구별할 것 없네.
임기臨機에 의심할 것 없고, 물物에 응해 무구無拘거니,
시비是非의 정념情念 없으며, 범부와 성인을 두지 않네.
얻는 이는 누구며, 잃는 이는 누구인가?
어찌하여 친親하고, 어찌하여 친親하지 아니한가.
두頭를 들어 미尾를 만들고, 실實을 가리키나 허虛가 되누나.
몸을 뒤집으면 마계魔界요. 발길을 바꾸면 사로邪路니라.

순順과 역逆이 없음을 알면, 공부지음에 잘못이 없다네.

무진無盡 장상영張商英, 1043~1121거사는 동림상총東林常總선사의 해타咳唾를 입어 개오開悟하고, 도솔종열1044~1091에게서 대오大悟하였다.

도솔兜率선사는 장무진張無盡거사에게 게偈를 주어 미진微塵을 지워 주었다. 그 게偈가 '불범不犯'이다. 체滯는 막힌다는 뜻이요, 도塗는 진흙이다. 학자가 '불범不犯'을 자기에게 돌이켜 보아 허물을 발견하면 그 허물이 덜어질 것이다.

도솔兜率의 지어指語가 후학의 진질처疹疾處를 적시하였다.

禪詩 第21目　指路頌 永嘉玄覺선사, 常澹[證道歌]

不可毁不可讚　불가훼불가찬
體若虛空勿涯岸　체약허공물애안
不離當處常湛然　불리당처상담연
覓即知君不可見　멱즉지군불가견
取不得捨不得　취부득사부득
不可得中只麽得　불가득중지마득

가히 훼방도 못하고 찬탄도 못하나니
성性의 체體는 허공과 같아서 물가와 언덕이 없도다.
당처를 여의지 않으면서 늘 담연淡然하지만
찾은즉 그대가 가히 보지 못할 줄 아노라.
취함을 얻지 못하고 버림도 얻지 못하나니
불가득不可得 중에 다만 잘 얻느니라.

소해 素解

심성心性은 담연湛然하고 공적空寂하여 얻지 못하고 버릴 수도 없다. 다만 그러하다.

그러나 "불가득不可得 중에 다만 잘 얻느니라."에서 옛길 나타나면 참사람이라 하리라. 억㫊!

禪詩 第22目　　啓導頌 洞山良价선사, 度生

不求名利不求榮	불구명리불구영
只麼隨緣度此生	지마수연도차생
三寸氣消誰是主	삼촌기소수시주
百年身後謾虛名	백년신후만허명
衣裳破後重重補	의상파후중중보
糧食無時旋旋營	양식무시선선영
一个幻軀能幾日	일개환구능기일
爲他閒事長無明	위타한사장무명

명리名利를 구하지 말고 영화도 구하지 말라.
다만 인연을 따라 이 생을 지낼지어다.
삼촌三寸의 기氣가 사라지면 누가 주인인가?
[환아幻我는] 백년의 신후身後에 주인을 속이는 허명虛名일세.
옷이 헤지면 거듭해서 기워 입고,
양식이 떨어지면 빨리 빨리 구하라.
일개의 환구幻軀가 몇 날을 유지할런가.
저 쓸데없는 일 때문에 무명無明을 길이 기르겠는가?

명리名利와 영화榮華를 잊지 아니하고, 도道를 구하는 것은 흙으로써 밥을 지으려는 것과 같다.

환幻으로 된 몸뚱이와 허욕虛慾을 위해 무명無明의 업장業障을 키우려는가. 동산양개洞山良价선사의 자애로운 가르침이다.

禪詩 第23目　　指路句 未詳, 摸鼻

洗面摸着鼻　　세면모착비
啜茶濕却嘴　　철차습각취

[차도此道는] 세수하다 코 만지기요,

차茶 마시니 입이 젖누나.

소해 素解

어떤 이가 물었다.

"불법의 적적대의的的大義가 어떠합니까?"

명明의 미상未詳선사가 답한다.

"세수하다 코 만지기요, 차 마시니 입이 젖누나."

불법佛法의 진체眞諦를 묻는 선자禪者에게 "세수하다 코 만지기"라고 답한 풍악산楓嶽山에 금강金剛선사가 있었다.

이로부터 조선의 선가에 "파비把鼻" 즉 '코 만지기'의 법어法語가 전해온다. 더불어 "끽차습순喫茶濕脣" 즉 '차 마시니 입술이 젖는다.'의 지어指語도 보인다. 이는 평상심平常心을 가리켜 보이는 상지상어上之上語이다. 咢!

禪詩 第24目 寂滅頌 蘇東坡, 不厭

細思乃不然	세사내불연
眞巧非幻影	진교비환영
欲令詩語妙	욕령시어묘
不厭空且靜	불염공차정
靜故了群動	정고료군동
空故納萬境	공고납만경
我心空無物	아심공무물
萬象自往還	만상자왕환

자세히 생각하면 곧 어긋나나니
참 기교는 환영幻影이 아니거다.
시어詩語가 현묘玄妙에 나아가려면
공리空理와 청정淸淨을 싫어하지 않아야하리.
지극히 고요함으로 온갖 정념의 근원을 보고
공리空理를 자득해야 온갖 경계를 용납한다네.
나의 마음은 비어 정념이 없나니
삼라만상이 스스로 왕래 한다네.

소해 素解

아심我心에 무물無物이면 만상萬象이 스스로 왕환往還한다. 물억勿亿!

자세히 생각하는 것은 생각하는 사람이다. 생각이 끊어진 자리에 계합契合하여 생각 없이 생각하는 사람이라야 참사람의 문턱을 넘은 것이다.

禪詩 第25目　指路頌 洞山良价선사, 眼聞

也大奇也大奇　야대기야대기
無情說法不思議　무정설법부사의
若將耳聽終難會　약장이청종난회
眼處聞時方可知　안처문시방가지

기이奇異하고 또한 기이奇異하나니
무정無情의 설법說法은 부사의不思議로다.
만약 귀로써 듣는다면 마침내 알기 어렵고,
안처眼處로 들을 때, 비로소 가히 아느니라.

빗소리가 몸을 뚫어 지나고 달빛이 가슴을 열어 보일 제, 보고 듣고 느껴 앎이 예와 같지 않으면서 예대로 일 없음을 동산양개선사는 "안처眼處로 들을 때, 비로소 가히 아느니라."라 한다.

이러한 경계境界를 지나 큰 관문關門을 열고 허공虛空과 하나가 되는 것이다.

禪詩 第26目　　逍遙頌 圓悟克勤선사, 現成

以佛見佛無異見	이불견불무이견
以法說法無別說	이법설법무별설
佛法聞見總現成	불법문견총현성
當陽直下全超越	당양직하전초월

부처로써 부처를 보므로 다른 봄이 없고
법法으로써 법法을 설하므로 다른 법法이 없도다.
불법佛法이 문聞과 견見에서 현성現成한지라
당양當陽하여 직하直下에 온통 초월하였도다.

소해 素解

당양當陽은 진심眞心이 드러남이요, 직하直下는 진심眞心이 견문見聞함에 전체가 올곧게 현현顯現하는 모양이다.

눈을 바로 뜨고 곧게 걸을 수 있으면 초월超越이다.

禪詩 第27目　　逍遙頌 慈受懷深선사,

千般說萬般喩兮　　천반설만반유혜
特地令人轉不悟　　특지령인전불오
西風昨夜泄天機　　서풍작야설천기
盍盍黃花香滿路　　울울황화향만로

천千의 설說과 만萬의 비유比喩를 옮김이라
특지에 사람이 더욱 깨치지 못하게 함이도다.
서풍이 어제 밤에 천기天機를 누설 하였나니
울울한 황화黃花의 향기가 길에 가득하도다.

달마대사가 중국에 오지 않았다. 이 말을 의심하지 말라! 분명코 결정코 오지 않았다. 만약 달마대사가 중국에 왔다고 하면 헛소문이요, 마군魔軍의 법法이다.

그러나 무정서풍無情西風이 칠통漆桶의 밤을 깨운 것은 분명하고 분명하도다.

"울울황화盍盍黃花 무비반야無非般若"는 본시 도생道生의 혜도慧刀인데 자수회심慈受懷深선사가 빌려 썼다.

禪詩 第28目　開悟頌 淸虛休靜대사, 一空紙

忽得自家底　홀득자가저
頭頭只此爾　두두지차이
萬千金寶藏　만천금보장
元是一空紙　원시일공지

홀연히 본래 나의 집 알았나니
온갖 거님에 다만 이 도리
팔만사천 부처님 말씀
원래 하나의 빈종이 이니라.

소해 素解

서산대사西山大師의 오도송悟道頌이다. 풍격風格은 상지상품上之上品이다. 아래는 서산西山의 지견송知見頌이다.

髮白非心白 머리 세어도 마음은 늙지 않는다고
古人曾漏洩 옛사람이 일찍이 누설하였네.
今聽一聲鷄 지금 닭 우는 한 소리에
丈夫能事畢 대장부 일 마쳤네라.

만약 "丈夫能事畢"에 나타난 약간의 허물을 본다면 청안淸眼의 나그네일세라.

禪詩 第29目 指路頌 蹈頂선사, 法身

揆艸澹風非他事	규초담풍비타사
要明父母未生前	요명부모미생전
忽然蹈着毘盧頂	홀연도착비로정
獨目無非格外禪	독목무비격외선

담풍澹風이 풀잎 세는 것, 다른 일 아닐세라,
태어나기 전의 참나[眞我]를 밝히려하는가?
홀연히 법신法身의 정수리 만지면,
보고 듣는 어느 것이 격외선格外禪아니런가.

소해 素解

도정蹈頂선사의 지로송指路頌이다.

법신法身의 정수리를 만지면 행행行行이 격외선格外禪이라 한다.

누가 이 소식消息에 합동合同하는가? 咄!

禪詩 第30目 指路頌 雲門선사, 只恐

天晴日頭出 천청일두출
雨下地上濕 우하지상습
盡情都說了 진정도설료
只恐信不及 지공신불급

날 개면 해가 나고,
비 내리면 땅이 젖는다네.
사실대로 말했거늘
믿지 않을까 두려웁네.

사실을 사실대로 가르쳐도 믿지 않으므로 배도범부背道凡夫라 한다.

불법佛法은 사실을 사실대로 알리고 가르쳐서 온 세상과 함께 희노우사喜怒憂思에서 벗어나 상락아정常樂我淨에 소요逍遙하게 하려는 것이다. 이것이 불가佛家의 자비과제이다. 그 밖의 일은 불법佛法이 아니다.

禪詩 第31目 逍遙頌 黃龍慧南선사, 似有情

去時一溪流水送	거시일계유수송
回來滿谷白雲迎	회래만곡백운영
一身居住非居住	일신거주비거주
二物無情似有情	이물무정사유정

떠날 때 한 개울의 유수流水가 전송하더니,

돌아올 때 골 가득 백운白雲이 영접하네.

일신一身의 거주居住는 거주居住가 아니거이,

유수流水와 백운白雲이 무정無情이나, 유정有情인 듯 하여라.

소해 素解

세상의 영재穎才들이 유수流水니 백운白雲이니 하고 읊조리는 바에, 명名과 상相의 그림자가 어른거린다. 누가 온전히 명名과 상相이 없는가?

황룡혜남黃龍慧南선사의 시취詩趣가 세속世俗과 방외方外를 아우르며 올연兀然히 높이 읊었다. 시의 풍격風格이 부즉불리不卽不離에 거처한다.

禪詩 第32目　　逍遙頌 天寧道楷선사, 元無

一法元無萬法空　　일법원무만법공
箇中那許悟圓通　　개중나허오원통
將謂少林消息斷　　장위소림소식단
桃花依舊笑春風　　도화의구소춘풍

일법一法도 원래 없나니 만법이 공空하도다.
이 가운데 어찌 원통圓通의 깨침을 허락하리오.
장차 소림少林의 소식이 끊어졌나 하렸더니,
도화桃花가 춘풍春風 따라 예같이 웃누나.

소해 素解

천령도개天寧道楷선사의 소요송逍遙頌이다. 출처는 선림승보전禪林僧寶傳이다.

한 법法도 두지 않는 이에게 만법萬法은 어디에 쓸 것인가. 언덕 위의 두 칸 띠집에 원통무애圓通無礙의 바람이 일도다.

禪詩 第33目　　指路頌 浮休善修선사, 空去來

春早梅花發　춘조매화발
秋深野菊開　추심야국개
欲說箇中事　욕설개중사
浮雲空去來　부운공거래

이른 봄에는 매화가 만발하고
깊은 가을엔 들국화가 핀다네.
매화니 들국화니 따지려 들면
뜬구름만 부질없이 오고 간다네.

능가경楞伽經에 이르기를,

"禪者禪所緣 斷惑見眞體 當處便寂"

이라 했다. '선객禪客이 선禪을 수행하는 바에 다만 미혹迷惑을 지우면 진체眞體를 본다. 그런즉 마음의 당처가 고요하니라.'는 뜻이다.

수행자의 숙제宿題는 정념情念에 머물러 미혹迷惑하는 병이다. 마음[眞心]에 정념情念을 걸어둠이 없으면 곧 나와 세상이 태평太平한 것이다. 이 태평太平은 본래 태평太平이다.

여기서 제4구 공空은 '공연히'의 뜻이다. 경經과 논論에 박식博識하고, 조석으로 불佛에게 경례하며, 백년을 하루에 한 끼 먹고 꼿꼿이 앉았더라도, 옳으니 그르니에 거처하면 지혜가 없는 사람이다.

禪詩 第34目 逍遙頌 淸虛休靜선사, 不動

雲走天不動 운주천부동
走行崖不移 주행애불이
本是無一物 본시무일물
何處起歡悲 하처기환비

구름은 달리나 허공虛空은 원래 부동不動,
배는 흘러가도 언덕은 그대로.
본시本是 정념情念이 없거니,
어디에서 기쁨과 슬픔을 일으킬 것인가?

시취詩趣가 허공虛空에 거처한다.

정념情念이 본래 없는 것이라면 세인世人이 날마다 쓰는 정념은 어찌된 일로 그치지 아니하고 정념이 정념을 낳고 또 낳는가?

꿈속에서 꿈을 꾸면 정념의 변화가 끝없이 이어지나 꿈을 깨면 하고 많은 사연들이 온데 간데 없다. 그러므로 범부가 정념情念이 본래 없음을 자득自得하려면 정념情念의 꿈에서 깨어나야 하는 것이다. 꿈에서 깨는 방도 외에 다른 길은 있지 아니하다.

그러므로 역대의 큰 스승께서 이러저러 설명하기도 하나, 궁극에는 간결簡潔히 하나의 가리킴을 두는 것이다. 꿈에서 깨는 것은 찰나刹那이다. 모든 수행자가 이 찰나를 향해 위법망구爲法忘軀하여 수사선도守死善道하는 것이다. 가르침은 대승大乘의 자비교慈悲教요, 가리킴은 향상일로向上一路의 대적자비大寂慈悲이다.

禪詩 第35目 逍遙頌 未詳, 足涯

日月爲燈燈不盡	일월위등등부진
乾坤爲屋屋無邊	건곤위옥옥무변
此身隨處生涯足	차신수처생애족
飢食松花渴飮泉	기식송화갈음천

해와 달로 등불 삼으니 다함이 없고,
건곤乾坤으로 집 삼으니 허공이 내 집일세.
이 몸은 발길 따라 생애生涯가 족足하나니,
배고프면 솔 꽃, 목마르면 샘물 마시네.

자기를 돌아보아 이러히 소요逍遙하며 "생애가 족하나니[生足]" 하고 읊는 이가 몇이나 될런가?

이러한 인물을 따르고 배우는 이는 또 누구인가?

"배고프면 솔 꽃, 목마르면 샘물 마시네."라 하는 진세塵世의 나그네를 보지 못한 지 오랠러라.

禪詩 第36目 逍遙頌 龐居士, 無別

日用事無別	일용사무별
惟吾自偶偕	유오자우해
神通幷妙用	신통병묘용
運水及搬柴	운수급반시

날마다 하는 일, 다른 것 없다네
오직 나의 허세비와 짝한다네.
신통神通과 묘용妙用이란
물 긷고 섶 나르기니라.

황산곡黃山谷의 "靜坐處茶半香初 妙用時水流花開(정좌처에서 차를 반 마셨거니 향기는 처음과 같네. 신통묘용이란 물 흐르고 꽃 피는 가운데니라)." 구句와 부합符合한다.

정靜과 동動에 수류화개水流花開의 적연寂然을 드러내어 세인世人의 명구名句로써 자리한다. 만약 동動과 정靜이 함께 사라져서 음수세보飮水世步한다면 천성자재天性自在에 나아가리라.

방거사龐居士가 존숙尊叔 석두石頭선사를 뵈었는데, "일러보아라!" 함에 "입을 열 곳이 없습니다."라 하고 위 게偈를 읊었다. 석두石頭선사가 쾌히 인가印可하였다.

禪詩 第37目　示寂頌 月峯示一선사, 笑開

木人吹笛雲中走　목인취적운중주
石女彈琴海上來　석녀탄금해상래
箇裏有翁無面目　개리유옹무면목
呵呵拊掌笑顔開　가가부장소안개

목인木人이 피리 불며 구름 속을 달리고,
석녀石女는 거문고를 퉁기며 바다 위로 오도다.
이 속에 한 늙은이 있어 면목面目이 없나니,
하하 웃고 손뼉 치며 웃는 얼굴 연다네.

소해 素解

목인木人과 석녀石女의 비유처比喩處를 적지的知해야 시詩의 진전眞詮을 볼 수 있다.

"이 속에 한 늙은이 있어 면목面目이 없나니"에 진심眞心을 자득自得한 견처見處가 보인다. 모습 없는 진심眞心이 시절인연時節因緣을 따라 무위無爲의 대용大用을 나투는 소식이다.

禪詩 第38目 逍遙頌 震黙대사, 忘世淡歸

山與人無語 산여인무어
雲隨鳥共飛 운수조공비
水流花發處 수류화발처
淡淡欲忘歸 담담욕망귀

산과 사람은 말이 없고,
구름과 새는 나란히 나는구나.
물 흐르고 꽃 피는 청정처清淨處라,
담담淡淡히 세상世上을 잊었네라.

황산곡黃山谷의 활안명음活眼名吟에

만리청천　萬里靑天
운기우래　雲起雨來
공산무인　空山無人
수류화개　水流花開

가 있다. 이는 소동파 나한송羅漢頌 속의 "공산무인空山無人 수류화개水流花開"를 황산곡이 빌려와 개음改吟한 것이다. 진묵震默 대사의 소요음逍遙吟이 소동파와 황산곡과 짝을 이룬다.

처음 "공산무인空山無人"을 시詩에 끌어들인 이는 왕유王維요, 다음은 소동파蘇東坡요, 그 다음이 황산곡黃山谷이다. 분명히 작자作者가 있거늘 어찌하여 공산空山이라 하며 무인無人이라 하는가?

禪詩 第39目　　示寂頌 爲霖餐香선사, 平等

三際求心心不有	삼제구심심불유
心不有處妄元無	심불유처망원무
妄元無處卽菩提	망원무처즉보제
生死涅槃本平等	생사열반본평등

과거 현재 미래의 마음을 구해도 마음은 있지 아니해
마음 없는 곳이라, 망념妄念은 원래 없는 것,
원래 망념妄念이 없는 자리가 보리菩提거니
생사生死와 열반涅槃이 본래 평등平等하거다.

소해 素解

위림찬향爲霖餐香선사의 시적송示寂頌이다. 추효지견秋曉知見에 거처하는 듯하다.

적지的指가 분명分明하나 그러나 문자文字의 허물이 한소끔 남았다고 하겠다. 조명게粗明偈라 하여 두자.

禪詩 第40目　　示寂頌 黃龍慧南선사, 枯木

一見桃花更不疑　　일견도화갱불의
叢林未徹是兼非　　총림미철시겸비
須知一氣無私力　　수지일기무사력
能令枯木更抽枝　　능령고목갱추지

한번 도화桃花를 보고, 다시 의심 않노라하매
총림叢林에서 밝게 깨치지 못했다며 옳으니 그르니 하는구나!
모름지기 알지니라! 일기一氣의 사사로움 없는 힘이
능히 고목으로 하여금 다시 가지를 싹트게 하는 줄을.

위산영우潙山靈祐선사가 영운靈雲화상의 "견도화오도송見桃花悟道頌"을 힐문하니 영운靈雲이 부계符契하였다. 또 위산이 영운에게 "인연을 좇아 깨달아 달통達通하면 영원히 물러서거나 잃음이 없다從緣悟達永無退失."라 하며 인가認可 하였다.

뒤이어 현사玄沙가 이른다. "매우 진실되이 합당하지만 감히 보증하노니, 영운노형이 오히려 사무쳐 있지 못하다 하노라諦當甚諦當 敢保老兄猶未徹在…"라 함에 황룡혜남黃龍慧南이 평한 게송이다.

깨침에 철徹과 미철未徹이 있는 것은 소오小悟와 대오大悟가 있는 까닭이다.

조주趙州는 과거세에 불佛이였고 또한 승찬僧璨대사로 오셨으나 뒷사람을 위해 수십 회의 소오小悟를 시현示現하였다. 지눌知訥은 수차례의 소오小悟를 거쳐 대오大悟하였으며, 감산덕청憨山德清은 네 차례의 소오小悟를 거쳐 대오大悟하는 시현示現을 볼 수 있다. 황룡혜남黃龍慧南이 "고목에 새가지를 싹트게 하다." 함에 깊은 뜻이 서려 있다. 추抽는 '싹트다'는 뜻이다.

禪詩 第41目 示寂頌 普照知訥선사, 淨心

一念淨心是道場	일념정심시도량
勝造恒沙七寶塔	승조항사칠보탑
寶塔畢竟碎爲塵	보탑필경쇄위진
一念淨心成正覺	일념정심성정각

일념一念의 정심淨心이 곧 도량道場이니
항사恒沙의 칠보탑을 조성함 보다 수승하도다.
보탑寶塔은 필경畢竟에 부서져 티끌이 되지만
일념一念의 정심淨心은 정각正覺을 이룬다.

정심淨心이란 정념情念이 없는 마음이다. 유마경維摩經의 불이품不二品이 다만 이 정심淨心을 가리켜 보인 것이다. 일념의 당체를 반조返照하는 자가 곧 무정진여無情眞如의 정심淨心이다. 정심淨心이란 다만 환幻을 여읜 마음일 뿐, 다른 마음이 아니다.

송宋 고승전高僧傳 문수게文殊偈에,

一念淨心是菩提
勝造恒沙七寶塔
寶塔畢竟碎爲塵
一念淨心成正覺

이 보인다.

禪詩 第42目 示寂頌 永嘉玄覺선사, 鏡痕

心是根 法是塵 심시근 법시진
兩種猶如鏡上痕 양종유여경상흔
痕垢盡除光始現 흔구진제광시현
心法雙忘性卽眞 심법쌍망성즉진

마음[妄心]은 이 뿌리이며 법法은 이 티끌이니
심心과 법法이 거울 위의 흔적痕迹과 같도다.
흔적의 때를 다 제거하면 비로소 광명光明이 나타나고
심心과 법法을 모두 잊으면 성性이 곧 진眞이로다.

심心과 법法이 나타난 까닭은 환幻을 실로 여기는 필부의 정식情識 때문이다. 그러므로 심心과 법法을 모두 잊으면 진성眞性이 드러나는 것이다. 여기서 심心이란 망심妄心을 의미한다.

禪詩 第43目 示寂頌 治父道川선사, 寒光

山是山水是水 산시산수시수
佛在甚麽處 불재심마처
有相有求俱是妄 유상유구구시망
無形無見墮偏枯 무형무견타편고
堂堂密密何曾間 당당밀밀하증간
一道寒光鑠太虛 일도한광삭태허

산은 산, 물은 물이거니
부처님은 어디에 계시는가?
모습 있고 구함이 있음은 다 이 허망虛妄이며,
형상이 없고 봄이 없으면 편고偏枯에 떨어지도다.
당당밀밀커늘 어찌 일찍이 간단間斷이 있으리오.
한 줄기 한광寒光이 태허太虛를 녹이도다.

편고偏枯는 한쪽으로 치우침이다. 당당堂堂은 적연부동寂然不動의 광명光明이요, 밀밀密密은 불가불손不加不損의 본태本態이다. 한광寒光은 찬 빛이니 곧 무정無情을 뜻한다.

그렇더라도 "한광寒光이 태허太虛를 녹이는" 소식은 시詩를 읽는 이가 스스로 밝혀야 한다.

禪詩 第44目　　指路頌 拘留孫佛 賢劫第一尊, 本空

見身無實是佛身　　견신무실시불신
了心如幻是佛幻　　료심여환시불환
了得身心本性空　　료득신심본성공
斯人與佛何殊別　　사인여불하수별

몸이 실다움 없음을 보면 이 불신佛身이며,
마음이 환幻임을 요달하면 불佛도 환幻일세.
심신心身의 성품이 공空함을 요달了達한다면
이 사람이 부처님과 무엇이 다르리오.

소해 素解

요심여환了心如幻과 요득심공了得心空의 심心자는 망심妄心을 가리킨다.

능엄경楞嚴經 설지說旨의 처음은 진심眞心과 망심妄心의 당체當體를 해오解悟하는 것이요, 그 다음은 진심眞心을 증오證悟하는 것이다. 그 사이에 적정삼매寂靜三昧가 있다.

구류손불拘留孫佛은 현겁賢劫의 제일존第一尊이다.

禪詩 第45目 本然頌 龍牙居遁선사, 睡起

在夢那知夢是虛	재몽나지몽시허
覺來方覺夢中無	교래방각몽중무
迷時恰是夢中事	미시흡시몽중사
悟後還同睡起夫	오후환동수기부

꿈속에서 어찌 꿈이 허망한 줄 아리오

잠에서 깨고서야 비로소 꿈이 없는 일인 줄 아나니.

미혹할 때는 마치 몽중사夢中事와 같고,

오후悟後는 도리어 꿈에서 일어남과 같도다.

깨침은 다만 환幻을 지운 것이다. 환幻을 지움에 어떤 노력이 있어야 하는는가?

황벽黃檗선사가 이른다. "도道가 어떤 물건이기에 그대는 수행修行하려 하는가?[道是何物이건대 汝欲修行고]"이 질문에 합동合同하려면 다만 꿈의 착각錯覺에서 벗어나야 한다.

그 깨침에는 얕고 깊음이 있다. 요달了達한 이가 그 내용을 보는 것이다.

용아거둔龍牙居遁, 835~923선사는 동산양개洞山良价선사의 제자이다.

禪詩 第46目　無心頌 龐居士, 似木

但自無心於萬物	단자무심어만물
何妨萬物常圍遶	하방만물상위요
鐵牛不怕獅子吼	철우불파사자후
恰似木人見花鳥	흡사목인견화조

다만 스스로 만물에 무심無心하면,
만물이 늘 둘러싸도 어찌 방해妨害되리오.
철우鐵牛는 사자후獅子吼를 두려워하지 않나니
목인木人이 꽃과 새를 봄과 흡사하도다.

소해 素解

요遶와 요繞는 같은 글자이다. 무심無心을 세우고 그 본원을 설하는 것이 선리禪理이다. 범부가 일상에 쓰는 마음이 환幻이므로 금강경에서 "凡所有相皆是虛妄"이라 하는 것이다. 고로 공리空理를 설하고 진심眞心을 가리키는 것이 교법敎法인 것이다.

진심眞心은 철우鐵牛와 목석木石 같아서 적연부동寂然不動이다. 고로 미움도 두려움도 없는 것이다.

禪詩 第47目 示寂頌 天衣義懷선사, 無意

雁過長空	안과장공
影沈寒水	영침한수
雁無遺迹之意	안무유적지의
水無留影之心	수무유영지심
苟能如是	구능여시
方解異類中行	방해이류중행

기러기 허공虛空을 지나는데,
차가운 물속에 그림자 가라앉네.
기러기는 발자취 남기려는 뜻이 없고,
물은 그림자 담으려는 마음이 없네.
진실眞實로 이와 같다면,
참으로 여러 군생群生 속에 가는 법을 아는 것 일세.

소해 素解

천의의회天衣義懷선사는 당말 북송초의 인물이다. 안무의雁無意와 수무심水無心이 게偈의 요체要諦이다. 무의無意와 무심無心은 같은 뜻이다.

"방해이류중행方解異類中行"은 차별 속에 차별 없이 참다이 세상을 사는 법을 의미한다.

禪詩 第48目　　順治皇帝[清世祖], 出家詩

天下叢林飯似山	천하총림반사산
鉢盂到處任君餐	발우도처임군찬
黃金白璧非爲貴	황금백벽비위귀
惟有袈裟被最難	유유가사피최난

곳곳이 총림叢林이요 쌓인 것이 밥이거늘
대장부大丈夫 어디간들 밥두그릇 걱정하랴.
황금黃金과 백옥白玉만이 귀한줄을 아지마소
가사옷 얻어입기 무엇보다 어려워라.

朕乃大地山河主	짐내대지산하주
憂國憂民事轉煩	우국우민사전번
百年三萬六千日	백년삼만육천일
不及僧家半日閒	불급승가반일한

이내 몸 중원천하中原天下 임금 노릇 하건마는
나라와 백성걱정 마음 더욱 시끄러워,
인간의 백년百年살이 삼만 육천 날이지만
풍진風塵떠난 명산대찰名山大刹 반나절에 미칠손가.

悔恨當初一念差　　회한당초일념차
黃袍換却紫袈裟　　황포환각자가사
我本西方一衲子　　아본서방일납자
緣何流落帝王家　　연하류락제왕가

당초에 부질없는 한생각의 잘못으로
가사장삼袈裟長衫 버리고서 곤룡포袞龍袍를 감게됐네.
이내 몸을 알고보면 서천국西天國의 수도인修道人인데
무엇을 반연하여 제왕가帝王家에 떨어졌나.

未生之前誰是我　　미생지전수시아
我生之後我是誰　　아생지후아시수
長大成人纔是我　　장대성인재시아
合眼朦朧又是誰　　합안몽롱우시수

이몸이 나기 전에 그 무엇이 내몸이며
세상에 태어난 뒤 내가 과연 누구런가.
자라나 사람되어 잠깐동안 나라더니
눈한 번 감은 뒤에 내가 또한 누구런가.

百年世事三更夢	백년세사삼경몽
萬里江山一局碁	만리강산일국기
禹疏九州湯伐桀	우소구주탕벌걸
秦呑六國漢登基	진탄육국한등기

백년百年의 세상世上일은 하룻밤의 꿈속이요
만리萬里의 이 강산江山은 한판놀음 바둑이라.
대우씨大禹氏가 구주九州긋고 탕湯임금은 탕傑을치며
진시황秦始皇이 육국六國먹자 한태조漢太祖가 새터닦네.

兒孫自有兒孫福	아손자유아손복
不爲兒孫作馬牛	불위아손작마우
古來多少英雄漢	고래다소영웅한
南北東西臥土泥	남북동서와토니

자손子孫들은 제스스로 제살복 타고나니
자손子孫을 위한다고 마소노릇 그만하소.
수천년 역사위에 많고적은 영웅英雄들이
사방四方에 널려있는 한줌 흙에 불과하네.

來時歡喜去時悲 내시환희거시비
空在人間走一回 공재인간주일회
不如不來亦不去 불여불래역불거
也無歡喜也無悲 야무환희야무비

올때는 기뻐하고 갈때는 슬퍼하니
공연空然히 인간세상 한바퀴 돌았구나.
애당초 오잖으면 갈일조차 없으리니
기쁨이 없었는데 슬픔인들 있을손가

每日清閑自己知 매일청한자기지
紅塵世界苦相離 홍진세계고상리
口中吃的清和味 구중흘적청화미
身上願被白衲衣 신상원피백납의

나날이 한가로움 내스스로 알것이니
풍진에 있더라도 온갖고통 여의리라.
입으로 맛들임은 시원한 禪悅味요
몸위에 입은것은 누더기요 위의로다.

四海五湖爲上客	사해오호위상객
逍遙佛殿任君棲	소요불전임군서
莫道出家容易得	막도출가용이득
昔年累代重根基	석년루대중근기

오호五湖와 사해四海에서 자유로운 손님되어
부처님 도량안에 마음대로 노닐세라.
세속世俗떠나 출가하기 쉬웁다고 하지마소
숙세宿世에 쌓아놓은 선근善根없이 아니되네.

十八年來不自由	십팔년래부자유
山河大戰幾時休	산하대전기시휴
我今撤手歸山去	아금철수귀산거
那管千愁與萬愁	나관천수여만수

십팔년간 황제皇帝노릇 자유라곤 없었나니
강산을 뺏으려고 몇번이나 싸웠던가.
내 이제 손을 털고 산으로 돌아가니
천만가지 시름에 마음쓸것 하나없네.

순치順治, 1643~1661황제는 청淸 세조世祖이다. 순치順治이후, 강희제康熙帝, 옹정제雍正帝, 건륭제乾隆帝 등의 문화총화의 시기를 형성한다.

순치황제는 전세에 인도의 수도승이었는데 그 나라 왕의 폭정에 백성들이 시달리자, 선정禪定하는 가운데 "내가 왕이었다면 백성을 위하여 덕치德治를 할 것이거늘"이라 생각한 인과因果로 중국의 제왕이 되었다.

그러나 제왕의 자리는 늘 안팎으로 암투와 전쟁을 일삼는지라, 스스로 황제 자리를 버리고 출가出家를 하였다. 강희제康熙帝에게 덕치德治를 당부하고, 물러나 승복을 입고 산수山水간에 소요逍遙하였다.

禪詩 第49目 天皇道悟선사, 保任

任性逍遙	임성소요
隨緣放曠	수연방광
但盡凡心	단진범심
別無聖解	별무성해

성性에 맡겨 소요하고
인연을 따라 놓아 버려라.
다만 범부의 마음만 없앨 뿐,
별다른 성인의 견해는 없느니라.

소해 素解

보임保任은 "보기천성保其天性 임운자재任運自在"의 준말이다. 보임保任은 개오開悟 이후의 공부이다. 공자孔子도 지천명知天命 이후 4년을 보임保任한 후에 철환천하轍環天下에 나섰다. 증오證悟했더라도 성성惺惺을 지키지 못하면 퇴굴退屈하나니라.

보임保任은 속지 않고 깨어있는[惺惺] 공부이다. 천황天皇선사가 상사上士를 위해 게偈를 토吐했다.

禪詩 第50目　白雲景閑선사, 保任

若欲保任　약견보임
但忘諸見　단진제견
諸見若盡　제견약진
昏霧不生　혼무불생
智照洞明　지조통명
更無餘事　갱무여사

만약 보임保任을 하려거든
다만 모든 견해見解를 잊으라
모든 견해가 없어지면
어두운 안개가 생기지 않는다.
지혜의 비춤이 화안하여 밝으면
더 이상 다른 일은 없다.

소해 素解

천지견淺知見 즉 천반야淺般若로 보임保任공부에 들면 약간의 허물이 가리운다.

그 허물을 염려하여 백운경한白雲景閑선사가 "모든 견해見解를 잊으라"라고 한 것이다. 咄!

禪詩 第51目　　四浮詩 浮雪居士

妻子眷屬森如竹	처자권속삼여죽
金銀玉帛積如坵	금은옥백적여구
臨終獨自孤魂逝	임종독자고혼서
思量也是虛浮浮	사량야시허부부

사랑하는 처자권속이 대숲처럼 빽빽이 둘러있고
진귀한 보배들이 산더미 같이 쌓였어도
죽을 땐 오직 홀로 외로운 넋만 돌아가나니
생각하고 헤아리면 이 모두 헛된 뜬 거품이로다

朝朝役役紅塵路	조조역역홍진로
爵位纔高已白頭	작위재고이백두
閻王不怕佩金魚	염왕불파패금어
思量也是虛浮浮	사량야시허부부

날이면 날마다 세상사에 골몰하고
벼슬 겨우 높아지니 이미 머리는 하얗구나.
염라대왕은 부귀영화를 두려워하지 않나니
생각하고 헤아리면 이 모두 헛된 뜬 거품이로다.

錦心繡口風雷舌	금심수구풍뇌설
千首詩經萬戶侯	천수시경만호후
增長多生人我本	증장다생인아본
思量也是虛浮浮	사량야시허부부

아름다운 글재주와 혼을 빼는 말솜씨
천편의 시 짓는 재주, 만호후의 권력
여러 생에 걸쳐 남보다 내 잘난 것만 더욱 키울 뿐
생각하고 헤아리면 이 모두 헛된 뜬 거품이로다.

假使說法如雲雨	가사설법여운우
感得天花石點頭	감득천화석점두
乾慧未能免生死	건혜미능면생사
思量也是虛浮浮	사량야시허부부

설령 설법이 뛰어나 구름과 비를 부르고
감히 하늘꽃비가 내리게 하고 돌조차 머릴 끄덕여도
껍데기 지혜로는 생사고生死苦를 면치 못하나니
생각하고 헤아리면 이 모두 헛된 뜬 거품이로다

소해 素解

범부가 귀하게 여기는 인생의 덕목德目을 모두 헛 거품이라 한다. 속사俗士를 깨우는 계도송啓導頌이다.

禪詩 第52目 摩拏羅尊者, 無憂

心隨萬境轉　심수만경전
轉處實能幽　전처실능유
隨流認得性　수류인득성
無喜亦無憂　무희역무우

마음이 온갖 경계를 따라 굽이치나니
굽이치는 그 자리가 실로 그윽하다네.
이 흐름을 따라 자성自性을 깨치면
기쁠 것도 없고 또한 슬플 것도 없다네.

소해 素解

서천西天의 22대 조사祖師인 마나라摩拏羅존자가 그의 제자 학늑나鶴勒那존자에게 설해 준 게송이다.

혹 어떤 이는 『경덕전등록景德傳燈錄』에 양기방회楊岐方會가 이 게송을 읊은 것이 있다하나 기실은 양기楊岐가 선영先影을 재음再吟한 것이다.

"無喜亦無憂"는 칠정七情의 희喜와 우憂만을 가려 이른 것이며 가리킨 바는 망심妄心이다. 정념情念이 진무眞無한 소식을 설한 게송이다.

禪詩 第53目 僧肇대사, 本空

四大元無主 사대원무주
五蘊本來空 오온본래공
將頭臨白刃 장두임백인
恰似斬春風 흡사참춘풍

사대四大는 원래 주인이 없고
오온五蘊도 본래 공空한 것일 뿐
칼날이 내 목을 베겠지만
흡사 봄바람을 베는 것 같으리라.

이는 승조僧肇대사의 임종게臨終偈이다. 승조는 동진東晋의 스님으로 도생道生과 함께 구마라습鳩摩羅什의 수제자이다. 『조론肇論』은 그의 대표작이다. 조론의 주석注釋은 당송唐宋에만 백여 편이 보인다. 당시 세상에 승조僧肇의 총명聰明과 지혜를 찬하여 국총國聰이라 하였다. 후진後秦의 왕 요흥姚興이 그에게 벼슬[宰相]을 내렸는데 이를 거절하였다. 왕의 노여움을 사 사형을 당했다. 요흥은 승조의 스승 구마라습을 맞이하여 장안에 머물게 하면서 불경을 번역하게 하고 불교를 크게 외숭한 인물이다. 승조는 31세의 젊은 나이로 죽었다.

위 게송의 특장特長은 사대四大와 오온五蘊을 나누어 설했다. 어찌하여 사대四大와 오온五蘊을 나누어 설했는지를 투득하면 조망眺望의 대비大悲가 일어날 것이다.

승조僧肇는 죽음을 봄바람 베는 환사幻事로 여기며 사생일여死生一如를 시현示現한 것이다. 벼슬의 구덩이에 빠지지 않고 수행자修行者로써 뒷사람의 신해信解를 위해 사생불이死生不二를 보였다.

禪詩 第54目 無門慧開선사, 好時

春有百花秋有月　　춘유백화추유월
夏有凉風冬有雪　　하유량풍동유설
若無閑事掛心頭　　약무한사괘심두
便是人間好時節　　변시인간호시절

봄에는 백화百花 피고 가을엔 달이 좋구려
여름엔 시원한 바람 겨울엔 흰 눈.
세사世事의 부질없는 일에 기울지 않으면
인간의 좋은 시절 바로 이 가운데 있나니.

무문혜개無門慧開는 송宋의 스님이다. 선종무문관禪宗無門關을 지었는데, 공안公案 48칙則을 가려 뽑았다. 위 게송의 풍격風格은 상지중품上之中品이라 하여두자. 무문無門의 다른 게송을 본다.

大道無門千差有路　대도무문천차유로
透得此關乾坤獨步　투득차관건곤독보

대도大道는 문이 없어 천차千差의 길이 있나니
이 관문을 투득透得하면 하늘땅에 홀로 걷나니라.

무문혜개無門慧開선사는 공안公案 48칙을 정선精選하여 무문관無門關 한권을 엮었다. 무문관無門關은 선객禪客들이 지남指南으로 삼는 선서禪書 중의 하나이다.

禪詩 第55目　冶父道川선사, 空載

千尺絲綸直下垂　천척사륜직하수
一波載動萬波隨　일파재동만파수
夜靜水寒魚不食　야정수한어불식
滿船空載月明歸　만선공재월명귀

낚싯줄 길게 강 속에 드리우니
파도는 일파一派 만파萬波 일렁이는데
고요한 한밤의 물은 차갑고 고기는 물지 않아
빈 배에 달빛을 가득 싣고 돌아오도다.

환화幻華와 진성眞性이 지워져 천연天然이 드러났으며, 속정俗情과 도심道心을 섞였으나 청정淸淨이 올올兀兀하다.

지은이는 야보도천冶父道川선사이다. 당唐나라 사람인데 생몰연대는 불명不明이다. 금강경오가해金剛經五家解에 보인다. 선지禪旨가 밝고 시詩의 풍격風格이 상쾌爽快하다.

禪詩 第56目　豫章宗鏡선사, 不用

雲捲秋空月印潭	운권추공월인담
寒光無際與誰談	한광무제여수담
豁開透地通天眼	활개투지통천안
大道分明不用參	대도분명불용참

구름 걷힌 가을 하늘, 달이 못에 인印을 찍누나.
그지없는 물에 비친 달빛 누구에게 말해줄까.
하늘과 땅을 뚫는 막힘없는 눈을 뜨면
대도大道는 분명하여 참구參究할 것 없다네.

이 시는 금강경金剛經 제송강요提頌綱要 속의 예장종경豫章宗鏡의 게송이다.

사람이 도道를 멀리하나 도道가 사람을 멀리하지 않는다. 누가 문門을 통通하지 않고 밖으로 나가겠는가?

범부가 "있는 그대로의 도심道心"을 바로 보기가 어려운 것은 탐진치貪瞋痴로 얼룩진 허상虛像의 망심妄心을 자기自己로 여기는 까닭이다. 누가 그대를 가리는가? 누가 그대를 속이는가? 咄!

禪詩 第57目　　傅大士, 聲是

夜夜抱佛眠　야야포불면
朝朝還共起　조조환공기
起坐鎭相隨　기좌진상수
語默同居止　어묵동거지
毫釐不相離　호리불상리
如身影相似　여신영상사
欲識佛去處　욕식불거처
只這語聲是　지자어성시

밤마다 부처를 안고 자고
아침마다 함께 일어나네.
앉으나 서나 늘 따라다니고
말할 때나 안 할 때나 함께 있으며
털끝만큼도 서로 떨어지지 않으니
몸에 그림자 따르듯 하는구나.
부처님 간데 알고자 하는가?
다만 이 말소리 나는 곳이 부처로세.

화엄경華嚴經에 이르기를 "마음[心], 부처[佛], 중생衆生 이 셋은 차별없이 같은 것[心佛及衆生是三無差別]이다." 하였다. 필부가 본래로 부처의 성품을 지닌 줄 알지 못할 뿐 그 성품은 미혹 속에서도 바뀌지 않는다고 한 것이다. 이 말씀을 믿고 이해해야 참 신자信者라 할 수 있다. 그리고 차차로 무욕無欲을 배우고 이타利他를 행하며 망상妄想을 지워가며 마침내 회광반조廻光返照의 관심법觀心法에 전일全一하면 수행자修行者라 할 수 있는 것이다.

부대사傅大士는 양梁나라 무제武帝 때의 사람이다. 생몰연대는 서기 497년에서 569년으로 전한다. 비승비속非僧非俗으로 도인풍道人風을 드날린 인물이다. 같은 시대의 보지공寶誌公화상이 양梁 무제武帝에게 부대사傅大士를 미륵불彌勒佛의 화신化身이라고 소개하였다. 혹 동양대사東陽大士라고도 부른다. 또 송산松山의 쌍림雙林에 암자를 짓고 살았으므로 쌍림대사雙林大士라고도 한다.

대사大士 즉 '큰 선비'라 부름은 승속僧俗을 오가며 대법大法을 설했기 때문이다.

禪詩 第58目 天童如淨선사, 滴丁東

通身是口掛虛空	통신시구괘허공
不管東西南北風	불관동서남북풍
一等與渠談般若	일등여거담반야
滴丁東了滴丁東	적정동료적정동

온 몸이 입이 되어 허공에 걸려
동서남북 바람을 가리지 않고
언제나 바람 따라 반야般若를 노래하누나.
뎅그렁 뎅 뎅그렁 뎅.

천동여정天童如淨, 1163~1228선사는 조동종曹洞宗 승려로 남송南宋 때 사람이다. 여정如淨의 문하에서 수학한 왜국倭國 조동종의 개조開祖인 도원道元은 이 시詩가 선시禪詩로서 최상最上의 격格을 갖추었다고 하였다.

이 말은 다만 도원道元의 견해이다. 도원道元이 이 시에서 약간의 얻은 바 있는 것이라 하겠다. 앞의 시취詩趣는 진심眞心을 직지直指한다.

禪詩 第59目 開悟頌 宋 比尼, 尋春

盡日尋春不見春	진일심춘불견춘
芒鞋遍踏籠頭雲	망혜변답농두운
歸來笑撚梅花臭	귀래소연매화취
春在枝頭已十分	춘재지두이십분

온 종일 봄을 찾아도 봄을 보지 못하고
짚신이 닳도록 이랑머리 구름을 밟고 다녔네.
집에 돌아와 매화꽃이 피었기에 향기를 맡았더니
봄은 흠뻑 가지 위에 있었더라.

이 시는 도道가 스스로에게 이미 자족自足하여 있음을 노래했다. 이 게송偈頌을 흉내 낸 작품이 곳곳에 보인다. 조선의 이황李滉, 1501~1570도 그 중 한사람이다.

북송北宋의 비구니比丘尼 스님이 지었다고 한다. 지견知見이 생生하여 도道가 본래本來로 인인人人에 자족自足한 도리에 계합契合하여 그 환희歡喜를 봄[春]에 빗대어 읊은 것이다.

禪詩 第60目 石屋清珙선사, 日掛

歸來洗足上床睡	귀래세족상상수
困重不知山月移	곤중부지산월이
隔林幽鳥忽喚醒	격림유조홀환성
一團紅日掛松枝	일단홍일괘송지

돌아와 발을 씻고 침상에 올라 자다가
산 위로 달이 가는 줄 미처 몰랐네.
숲 속의 새소리에 문득 눈을 떠보니
소나무 가지에 붉은 해가 걸렸구나.

소해 素解

이 시는 남송南宋 석옥청공石屋淸珙선사의 게偈다. 고려말엽의 백운경한白雲景閑, 1299~1374과 태고보우太古普愚, 1301~1382와 나옹懶翁이 석옥石屋으로부터 법을 받았다. 백운白雲은 불조직지심체요절佛祖直指心體要節을 지었고 백운집白雲集이 있다.

석옥石屋이 입적入寂시에 사세송辭世頌=臨終偈을 백운白雲에게 보냈다. 송頌의 내용은 부촉付屬하는 소요음逍遙吟이다.

禪詩 第61目 　　　　蘇東坡, 溪聲

溪聲便是廣場舌	계성변시광장설
山色豈非淸淨身	산색기비청정신
夜來八萬四千偈	야래팔만사천게
他日如何擧似人	타일여하거사인

계곡의 물소리는 부처의 항상恒常한 설법이요
산색山色이 어찌 청정각명淸淨覺明이 아니리오.
미혹迷惑할 제 팔만사천 게송을 두나니
[모습 없는 이 도리] 훗날 다른 이에게 어떻게 전할 것가.

소동파蘇東坡, 1036~1101의 오도송悟道頌 사수四首 가운데 하나이다. 적벽부赤壁賦를 읊은 다음 해, 동림상총東林常聰선사를 찾아갔다. 동림선사가 소동파를 향하여,

"그대는 무정설無情說을 알지 못하는구나" 하였다.

다음날 아침 여산廬山계곡의 폭포소리를 듣자마자 개오開悟하여 "계성변시광장설溪聲便是廣場舌"을 토했다. 뒷 세월에 "夜來八萬四千偈"를 석해하기 어려워 역譯마다 제각각이다.

禪詩 第62目 蘇軾, 廬山眞面目

橫看成嶺側成峰	횡간성령측성봉
遠近高低各不同	원근고저각부동
不識廬山眞面目	불식여산진면목
只緣身在此山中	지연신재차산중

가로 보면 산줄기, 옆에서 보면 봉우리
원근고저 보는데 따라 달리 보이네.
여산의 진면목을 알 수 없는 까닭은
다만 몸이 여산廬山 속에 있는 탓일세.

범부가 자기自己의 진면목眞面目을 보지 못하는 것은 몸[身]과 정념情念을 자기自己로 여기는 까닭이다. 소동파가 진아眞我를 투철透徹히 밝힌 연후에 미혹했던 때를 생각하며 범부가 몸[身]과 사상思想과 문자文字에 갇혀 깨치지 못하는 까닭을 "여산진면목廬山眞面目"한 수로 간략히 읊었다.

이런고로 황산곡黃山谷이 "동파 이전以前에 동파 없고, 동파 이후以後에 동파 없다."라 하였던 것이라 하겠다.

"只緣身在此山中"을 의해義解하면 '몸과 칠정七情을 참 나로 여기며 정념情念 속에 있는 까닭일세.'라 할 것이다. 동파에 의하면 "도연명陶淵明, 백낙천白樂天, 사계화상師戒和尙"이 자기의 전세前世였다고 한다. 도연명시절을 회상하며 '화도시和陶詩'를 짓고, 백낙천의 '보동파步東坡'시에서 '동파東坡'를 가져와 호號로 삼았다.

북송北宋의 대선사大禪師들이 동파東坡를 보자마자 '계화상戒和尙'이라 불렀는데 그들만의 보는 바가 있었던 것이다.

중국에 호號 문화는 대략 북송北宋에서 시작한 것으로 알려져 있는데, 호號의 시작은 불가佛家의 선사禪師들이 머무는 산과 마을 이름으로써 자호自號한데서 시작하였다. 동파의 전신前身인

낭唐의 백거이白居易가 낙천樂天을 호號로 삼았으므로 호號 문화는 동파東坡의 전신前身이 효시曉示라 하겠다. 시취詩趣는 씨줄을 벗어났고 풍격風格은 날줄을 지웠다.

禪詩 第63目　無何有 蘇東坡

問我何處來　문아하처래
我來無何有　아래무하유
薰風自南來　훈풍자남래
草堂生微凉　초당생미량

내게 묻기를 어디서 왔느냐고 한다면
나는 무하유無何有에서 왔다고 하리라.
해맑은 바람이 남에서 부나니
초당 처마에 희미히 서늘함이 생하누나.

소해 素解

무하유無何有는 장주莊周의 통설처洞說處이다. 무하유를 자득自得하면 "제행무상諸行無常 제법무아諸法無我"의 도리에 적통的通한다. 있지 아니한 것을 있다고 믿고, 일생에 이 견해를 바꾸지 않는 이가 범부凡夫이다.

만약 장주莊周의 "아무 것도 있지 아니함[無何有]"을 통해通解하면 천제闡提를 면할 수 있다. 무하유無何有를 통해하지 못하면 경론經論 백권百卷을 숙달하더라도 다만 성문聲聞의 인천중생人天衆生일 따름이다.

禪詩 第64目 寒山, 青天

衆星羅列夜明深 중성나열야명심
岩點孤燈月未沈 암점고등월미침
圓滿光華不磨瑩 원만광화불마형
掛在青天是我心 괘재청천시아심

별들이 널려 있는 깊은 밤
바위에 외로운 등불 하나 달은 기우는데
뚜렷이 찬 광명光明은 이지러짐 없이 빛나나니
내 마음[道心] 푸른 허공에 걸려 있다네.

한산寒山은 당唐,천태天台 시풍현始豊縣의 서쪽 한암寒巖의 굴속에서 살았다. 허름한 거지 차림과 양광佯狂의 행동으로 국청사國淸寺에 드나들며 습득習得과 함께 밥을 얻어 대통에 넣고는 한산으로 돌아가 놀면서 절벽이나 바위에 많은 시를 남겼다. 한산寒山은 보살菩薩의 현신顯身이라 한다.

"괘재청천시아심掛在靑天是我心"을 '내 마음[道心] 푸른 허공에 걸려 있다네.'로 역譯하였는데 적의的意는 모든 사람의 마음[性]은 성인聖人과 다르지 않아서 푸른 허공虛空과 같다는 의미이다. 허공은 아무것도 없으면서 무시무종無始無終으로 만유萬有를 포용하고 있지 않은가?

모든 대현大賢과 아성亞聖과 성인聖人이 설하여 가리키는 상선上善의 도리道理가 성性의 내용內容과 작용作用일 뿐이다. 혹여 설說하여 가리킨 말씀을 통해하여 긍정하지 못하는 것은 자품資品 탓이지 성품性品의 문제는 아니다. 통해하여 긍정하지 못하더라도 하나의 의문으로 남겨두면 대도大道를 만나는 때가 있을 것이다.

단언컨대 지금 미혹迷惑하더라도 미혹한 당자當者는 본래로 전지전능全知全能한 조물자造物者요, 청정각명淸淨覺明의 당인當人이요, 공적영지空寂靈知의 주인主人이요, 삼계三界를 벗어난 무사인無事人이요, 성인聖人의 절대지絶對智를 갖추고 있다. 이 말이 거짓이면 우愚가 지옥고地獄苦를 대신 받을 것이다.

한산시고寒山詩稿는 태주자사 여구윤呂丘胤이 바위와 나무에 새겨졌거나 쓴 시를 모아서 시집을 만들었다. 여구윤은 강태공姜太公 여상呂尙의 후손이다.

禪詩 第65目　　涵虛得通선사, 雨中

英英玉葉過山堂　영영옥엽과산당
樹自鳴條鳥自忙　수자명조조자망
開眼濛濛橫雨脚　개안몽몽횡우각
焚香端坐望蒼蒼　분향단좌망창창

무성한 구름 잎들이 산당山堂을 지나고
나뭇가지 절로 울고 새들은 분주하네.
눈 뜰세 컴컴한 속을 빗발이 지나나니
향 사르고 단정히 앉아 저 푸르름을 바라보노라.

소해 素解

시취詩趣는 소소昭昭하고 풍격風格은 영명靈明하며 가리킨 바는 허공虛空이다.

함허득통涵虛得通선사는 조선 초기의 스님으로 교敎와 선禪에 적통的通하였다. 조선조의 스님으로 경지가 높은 이는 무학無學, 함허涵虛, 허응虛應, 청허淸虛, 편양鞭羊, 환성喚醒을 꼽을 수 있다. 선말에는 박태평朴太平과 경허鏡虛가 보인다.

禪詩 第66目 冶父道川선사, 山堂

山堂靜夜坐無言 산당정야좌무언
寂寂寥寥本自然 적적요요본자연
何事西風動林野 하사서풍동임야
一聲寒雁唳長天 일성한안려장천

고요한 밤 산당山堂에 말없이 앉았나니
적적寂寂하고 요요寥寥하여 본래를 드러내노이.
무슨 일로 서풍[西來意]은 잠든 숲을 흔드나
기러기 구고口閉하며 장천長天을 날아가누나.

바람[西風]은 희喜·노怒·애愛·구懼의 비유요, 기러기는 붕조鵬鳥와 짝하나니 무위도無爲道를 가리킨다. 알고 모르고, 지나치고 계합契合하는 것은 자품資品이 갈리는 까닭이다. 바람[西風]을 "祖師西來意"로 보아도 뜻이 통한다.

법화法華 사구게四句偈에 "심생즉종종법생心生則種種法生 심멸즉종종법멸心滅則種種法滅"이라 하고 또 "제법諸法은 본래로 항상 고요할 뿐[諸法從本來 常自寂滅相]"이라 하였다.

만약 불법佛法이 범부의 망심妄心따라 일어난 방편인 줄 알지 못하면 갈 길이 멀다. 팔만사천의 게송偈頌이 팔만사천의 번뇌煩惱를 지우는 처방處方인 것이다. 시취詩趣는 소연蕭然하고 풍격風格은 세상 밖이다.

禪詩 第67目 冶父道川선사, 無痕

園中花笑聲未聽	원중화소성미청
林中鳥涕淚難觀	임중조체누란관
竹影掃階塵不動	죽영소계진부동
月穿潭底水無痕	월천담저수무흔

정원에 핀 꽃이 웃어도 웃는 그 소리 들리지 않고
숲속에 사는 새가 울어도 흘리는 눈물 보이지 않네
대나무 그림자가 뜰을 청소해도 먼지 하나 일지 않고
달이 수면을 뚫고 연못 바닥에 드리지만 수면엔 뚫은 흔적 없네.

야보도천治父道川선사가 백낙천의 죽영竹影을 두 번 개음改吟하였다. "할미적삼 빌려"는 개오開悟의 환희歡喜를 읊었고, "들리지 않고 보이지 않네"는 청정각명淸淨覺明의 당체當體를 설했다. 야보도천治父道川이 두 번 개음改吟에 뜻이 있다고 하겠다. 아래에 다시 "할미적삼 빌려"를 실어 음미한다.

借婆衫子拜婆門 차파삼자배파문
禮數周旋已十分 예수주선이십분
竹影掃階塵不動 죽영소계진부동
月穿潭底水無痕 월천담저수무흔
三日修心千載寶 삼일수심천재보
百季貪物一朝塵 백계탐물일조진

할미 적삼 빌려 할미 집에 절하매
주선周旋의 예禮 갖추기에 넉넉하였오.
대 그림자가 뜰을 쓰나 먼지 한 점 일지 않고
달이 물밑을 뚫었건만 물에는 흔적 없구려.
삼일 수심修心은 천년의 보배요
백년의 탐물은 하루아침의 티끌이니라.

禪詩 第68目　　開悟頌 芙蓉道楷선사, 忘却

數里無人到　　수리무인도
山黃始覺秋　　산황시각추
巖間一覺睡　　암간일각수
忘却百年憂　　망각백년우

멀리 사람의 발길이 끊어진 곳
산이 단풍들어 가을인 줄 알겠구나.
바위틈에 한 숨 자다 깨나니
백년의 걱정 모두 지워졌네라.

소해 素解

부용도개芙蓉道楷, 1043~1118선사의 한음閑吟이다. 부용芙蓉은 북송北宋 조동종曹洞宗의 스님이다.

부용芙蓉이 깊은 선정禪定에 들기를 자주 하더니 홀연히 깨어나 무심無心을 노래했다고 한다. 풍격風格은 입선지무入禪知無이다.

禪詩 第69目 清虛休靜선사, 無心

山自無心碧	산자무심벽
雲自無心白	운자무심백
其中一上人	기중일상인
亦是無心客	역시무심객

산은 무심無心히 푸르고
구름은 무심無心히 희구나
그 가운데 중[上人] 하나
또한 무심無心한 나그네로세

청허淸虛, 1520~1604선사가 일선암一禪庵의 벽에 쓴 시이다. 대저 인생은 나그네 길이다. 범부 나그네가 본래本來로 대무심지大無心地의 지혜智慧를 갖추고 있으나 범부가 미혹迷惑되어 스스로 알지 못한다.

대무심지大無心地란 성인聖人의 마음이다. 산, 구름이 언제나 무심無心을 보이고 가르친다. 허부虛浮의 나그네가 홀연忽然히 망상妄想을 쉬어 무심無心에 계합하면 곧 본래 사람이다.

사람의 본래本來를 증득證得하면 천지만물天地萬物이 내 몸이요, 무위無爲의 상락常樂이 현전現前하는 줄 알게 되는 것이다. 시취詩趣는 상모相貌를 벗어났으며 풍격風格은 사무사풍思無邪風이다.

禪詩 第70目

憨山德清선사, 祖意

祖意明明百草頭	조의명명백초두
春林花發鳥聲幽	춘림화발조성유
朝來雨過山如洗	조래우과산여세
紅白枝枝露未收	홍백지지로미수

풀잎 끝 마다 조사祖師의 뜻 분명하고
봄 숲에 꽃피자 새소리 그윽할세.
아침 비 스쳐간 산은 세수洗手 한 것 같고
붉고 흰 가지마다 이슬이 맺혔네라.

감산憨山, 1546~?대사는 명明 사대고승四大高僧 중에 가장 도道가 높은 분이다. 여산廬山에 오래 머물다 조계曹溪로 돌아와 1623년 78세로 입적했다. 황제의 핍박을 받을 제, 자백진가紫柏眞可선사가 대신 형을 받고 죽었다. 자백진가는 북송 혜홍각범慧洪覺範의 후신이며 명明 사대고승四大高僧 중의 한 분이다. 사대고승四大高僧은 감산憨山 연지蓮池 자백紫柏 지욱智旭 네 분이다.

감산憨山은 중용직지中庸直指, 원각경직해圓覺經直解등 많은 저서가 있다. 감산은 특히 불법의 정수精髓에 유가儒家의 진전眞詮을 합동하여 보이며 성리설性理說에 매몰된 선비들을 교화하려고 애쓴 인물이다.

감산憨山은 청말淸末 허운조사虛雲祖師의 전신前身이다. 감산憨山과 허운虛雲의 육신肉身이 불괴不壞하여 각각 중국과 대만의 절에 지금도 보존되어 존숭尊崇되고 있다.

禪詩 第71目　五祖法演선사, 閑田

山前一片閑田地	산전일편한전지
叉手丁寧問祖翁	차수정녕문조옹
幾度賣來還自買	기도매래환자매
爲隣松竹引淸風	위린송죽인청풍

산비탈 한 마지기 노는 밭이라
손 모아 어르신[祖翁]께 여쭈나이다.
몇 번이나 팔았다가 다시 사셨오?
솔바람 댓잎소리 못내 그리웠오이다.

소해 素解

북송北宋 오조법연五祖法演선사의 작이다. 백운수단白雲守端의 법을 이었고 원오극근圓悟克勤의 스승이다. 대혜종고大慧宗杲는 법손이다. 산비탈 노는 밭이란 진심眞心을 가리킨다.

다세多世의 전신轉身에 몇 번이나 진심眞心을 잊었던가요? 하고 묻고는 옛 땅에 돌아왔음을 토로吐露하는 것이다.

고승高僧이 지어가는 공부工夫에 계제階梯, 菩薩地가 있어, 전신轉身하는 가운데 혹여 한 때의 일탈逸脫이 있으면 고로苦路를 걷다가 곧 회복回復하여 나아가는 것이다.

마음공부에 일생을 바쳐 나아간 자는 자세히 살펴야 할 대목이다. 哂!

禪詩 第72目　　此巖水晶선사, 人生

流水下山非有意　　유수하산비유의
片雲歸洞本無心　　편운귀동본무심
人生若得如雲水　　인생약득여운수
鐵樹花開遍界春　　철수화개편계춘

산 아래로 흐르는 물은 무심無心히 흐르고
골짜기의 조각구름 본래本來로 무심無心이로다.
인생人生이 만약 물과 구름 같아진다면
무쇠나무에 꽃 필지니 온 누리가 봄일세라.

차암수정此巖水晶의 생몰연대는 미상이다. 고존숙어록古尊宿語錄에 이 시가 전한다. "무쇠나무에 꽃이 피어 온 누리가 봄"이라 하였음은 차암수정此巖水晶의 봄[春]을 쾌청快晴하게 알아야 시인詩人의 흥취興趣에 합동合同할 수 있는 것을 가리킨다.

봄[春]은 본심本心의 활발한 상모相貌이다. "무쇠나무에 꽃이 피어"는 '성性을 밝히나니'로 풀어야 시취詩趣의 격格에 부합符合한다고 할 것이다.

禪詩 第73目　　閑遊頌 四溟惟政대사, 觀照

西風吹動雨初歇	서풍취동우초헐
萬里長空無片雲	만리장공무편운
虛室戶居觀衆妙	허실호거관중묘
天香桂子落紛紛	천향계자낙분분

하늬바람 불자 비 그치고
넓은 하늘에 구름조각 하나 없구나.
빈방에 앉아 중묘衆妙를 관觀하나니
허공에 계수향기[달빛] 어지러이 떨어지누나.

사명당四溟堂 송운松雲, 1544~1610스님의 관조시觀照詩다. 시제詩題는 청학동추좌靑鶴洞秋坐 이다. 달빛이 향기라 한다. 무정無情의 유정有情을 읊었다.

사명당은 두류산의 단속사斷俗寺에서 1567년 남명南冥 조식曺植, 1501~1572과 산어山語를 주고받았다.

조식曺植은 개오開悟한 거사居士이다. 그리고 1582년 소재穌齋 노수신盧守愼, 1515~1590에게 중용中庸 속의 선지禪旨를 배웠다. 노수신은 조선의 오대고사五大高士 중의 한 분이요, 견처見處가 밝다.

사명당四溟堂은 1592년 왜란이 일어나자 1593년 승병僧兵 도총섭都摠攝이 되었다. 신통神通이 상당하여 왜구倭寇를 놀라게 하였으며 세상 속의 환란患亂에 빛을 남겼다.

禪詩 第74目　　開悟頌 秦國太夫人, 一聲

夢跨飛鸞上碧虛	몽과비란상벽허
始知身世一遽廬	시지신세일거려
歸來錯認邯鄲道	귀래착인한탄도
山鳥一聲春雨餘	산조일성춘우여

꿈에 난새를 타고 푸른 허공에 올랐다가
비로소 몸도 세상도 하나의 오두막임을 알았네.
한바탕 꿈길에서 깨어나 돌아오니
산새 울음소리 봄비 끝에 들리누나.

대혜종고大慧宗杲선사의 저서 『서장書狀』에는 42명의 선비들과 주고받은 편지가 수록되어 있다. 그 가운데 한분의 여성이 등장한다. 진국태부인秦國太夫人이다.

30세에 과부가 되어 40여 년을 진실되이 불법佛法공부를 하였다. 대혜종고大慧宗杲선사와 편지를 주고받으며 공부방법工夫方法과 종요宗要를 물어가며 공부하였다. 늘그막에 홀연히 견처見處가 열렸다.

장남은 제형提刑이고, 차남은 승상丞相이요, 성씨는 허許씨이다. 이참정, 유보학과 함께 대혜大慧스님으로부터 지견知見을 인가印可를 받은 42명 가운데 한사람이다. 위는 개오송開悟頌이며 견지見地는 호등지견弧燈知見이다.

禪詩 第75目 布袋和尙, 一鉢

一鉢千家飯　　일발천가반
孤身萬里遊　　고신만리유
靑目睹人少　　청목도인소
問路白雲頭　　문로백운두

바리때 하나로 천가千家의 밥을 빌며
외로운 몸 만리萬里를 떠도누나.
푸른 눈 알아보는 사람 없나니
흰 구름에게 갈 길을 물어 보고자.

운수송雲水頌으로 알려진 포대화상布袋和尙의 시다. 시공時空의 초월자超越者는 짝할 이 드물어 외롭다. 그 외로움은 세인의 외로움과 같지 않다. 뒷날의 수행자가 흔연히 본받아야할 길이다. "此道少人知"라, 대자유大自由에 거처하여 허공과 짝하는 육조대사六祖大師 같은 이는 오실 때를 예언하는 이가 있고, 그 문하에 전세前世의 보살菩薩들이 외호하였다. 영가현각永嘉玄覺, 남양혜충南陽慧忠, 하택신회荷澤神會, 남악회양南嶽懷讓 등이 그들이다. 전세前世의 명호를 밝힌 이는 남양혜충南陽慧忠인데 용수보살의 후신後身이라 한다.

대체로 포대화상布袋和尙 등류의 선사禪師는 삼지보살三地菩薩 이상인지라 그 지혜로써 저술著述하거나 무애행無碍行으로써 뒷사람의 표상이 되는 것이다. 오대五代 때 양梁나라 봉화奉化출신으로 몸이 뚱뚱하고 배가 늘어져 이상한 모습을 하고 지팡이에 자루를 걸어 메고 다니면서, 무엇이든지 보면 달라고 하여 그 속에 넣어 담아 사방을 떠돌아 다녔다고 한다. 사람을 만나면 이상한 말을 하기도 하고, 때로는 날씨나 길흉화복을 말하여 정확히 맞추기도 했다고 한다. 긴 자루를 메고 다닌다 해서 그를 포대화상이라 불렀으며, 또 장정자長汀子라고도 하였다. 그의 종신終身, 916년경에,

彌勒眞彌勒　미륵, 참 미륵이라!
分身百千億　백천억으로 몸을 나투어

時時示時人 때때로 사람들에게 보였건만
時人自不識 그때 사람들 아무도 알지 못하누나.

라는 게송偈頌을 읊고 입적入寂하였다. 범부 세상에 소리도 두지 않고 모습도 흩뜨리지 않는 현자賢者가 거지꼴이나 무지랭이꼴을 하고 범부들의 곁을 머물거나 지나가도 아는 사람이 없다. 세월이 흘러 그 자취를 아는 이가 기리고 그리워할지나 다시 만날 수 없는 것이다. 지금 세상에 문수보살文殊菩薩과 보현보살普賢菩薩이 현신顯身해도 볼 수 있는 사람이 없다. 이러므로 욕계중생欲界衆生이라 이름하는 것이다. 알지라! 우리 곁에 무수한 보살菩薩들이 무시無時로 드나드는 것을……. 대현大賢들은 "그 사람"을 기다린다. "그 사람"이 바로 그대이길 기다리는 것이다.

禪詩 第76目　香嚴智閑선사, 去年貧未是貧

去年貧未是貧 거년빈미시빈
今年貧始是貧 금년빈시시빈
去年無卓錐之地 거년무탁추지지
今年錐也無 금년추야무

작년의 가난은 가난이 아니었네.
금년의 가난이 참 가난의 시작일세.
작년에는 송곳 꽂을 땅이 없더니
금년에는 송곳마저 없어져 버렸네.

이 게송은 향엄지한香嚴智閑 ?~898선사가 공부工夫의 깊은 경지境地를 가리켜 보인 것이다. 여기서 가난이란 육추六麤를 쉬고 삼세三細가 거의 지워졌음을 의미한다. 삼세三細는 근본무명根本無明과 능견能見과 소견所見이다. 미세微細한 가난은 땅[境界]에 비유하였고, 온전한 가난은 "송곳마저 없어져 버렸네."를 종구終句를 마무리 하였다.

만약 "아무일체심我無一切心 하용일체법何用一切法"의 도리道理에 합동合同하였다면 위 게송을 음미할 만 하다고 하겠다. 그러나 무심경無心竟에 어두우면 다만 우이독경牛耳讀經에 그칠 따름이다.

억지로 설명을 두자면 노자老子의 "위도일손설爲道日損說"로 대략 비교할 수 있다. 향엄香嚴의 게송은 원각경圓覺經 적정경안寂靜輕安의 경지에 합동해야 조금 알 수 있다고 하겠다. 이는 무위도無爲道의 경지에서 닦음 없이 닦음이라 속사俗士의 사량思量이 닿지 아니한다.

영가永嘉스님의 증도가證道歌에서, "꿈속에선 육취가 분명하더니 깨닫고 나니 공空하고 공空해져서 아무것도 없네夢裏明明有六趣 覺後空空無大千"라고 하였고, 백봉白峰거사는 "기실其實은 아무것도 없다네."라고 일갈一喝하였다.

공리空理는 정지견正知見 연후에 확철確徹히 통투通透할 수 있다. 대략의 교해教解로 아공我空, 법공法空, 아법구공我法具空 등으로 이해하거나, 나아가 필경공畢竟空, 공공空空, 공역공空亦空, 공공역공空空亦空으로 설명할 수 있어도 공空을 투득透得했다고 할 수 없다. 참다이 이르건대 공空은 무無의 뜻이다. 투철자득透徹自得 연후에, 공空이란 지어指語가 대관문의 방편인 줄 참다이 알 수 있다. 번다한 해설을 그친다.

향엄香嚴은 당唐의 스님으로, 처음 백장百丈문하로 출가했으나 후에 위산영우潙山靈祐스님에게 가서 공부를 하다가, 공부가 열리지 않아 울면서 떠났다 한다. 그러다가 어느 날 산중에서 풀을 베다가 자갈을 집어 던졌는데 그 돌이 날아가 대밭의 대나무에 맞아 부딪치는 소리를 듣고 깨달았다고 한다. 그때의 오도송悟道頌이 전한다.

돌이 대[竹]에 부딪치는 소리에 깨달은 순간을

"한번 부딪치는 소리 듣고 모든 것 다 잊었네一擊忘所知."

라고 읊었던 것이다. 능엄경楞嚴經에서 설한 이근원통耳根圓通의 소식이다. 향엄香嚴은 위산潙山의 법法을 받았다.

禪詩 第77目 辭世頌 石屋清珙선사, 骨窮

白雲買了賣淸風	백운매료매청풍
散盡家私徹骨窮	산진가사철골궁
留得數間草暮屋	유득수간초모옥
臨別付與丙丁童	임별부여병정동

흰 구름 사고 청풍을 팔았더니
살림살이 바닥나 뼛속까지 가난할세.
남은 건 두어 간 띠 집뿐이니
떠날 제 불 속에 던져버려야지.

위 시는 석옥청공石屋淸珙, 1272~1352의 사세송辭世頌=臨終偈이다. 위 사세송辭世頌의 백운白雲은 백운경한白雲景閑을 가리키고 청풍淸風은 석옥청공石屋淸珙 자신에 빗댄 것이다. "구름과 바람을 사고판다는 것"은 전법傳法을 의미하고 "뼛속까지 가난[徹骨窮]함 석옥이 대무심大無心을 증득證得하였음을 말한다.

난승지難勝地의 오지보살五地菩薩이라야 무심無心하여 적정경안寂靜輕安에 거닐 수 있고, 팔지보살八地菩薩 이후라야 대비경안大悲輕安을 나툴 수 있으며, 대적무심지大寂無心地는 등각等覺의 경지이다.

대개의 선지禪旨는 지무심知無心이다. 이름하여 지견知見이라 한다. "두어간 띠집"은 낡은 육신을 가리키고, "병정동丙丁童"은 불 혹은 불집, 화장火葬을 뜻한다.

백운경한白雲景閑, 1299~1375은 고려에서 이미 무사자오無師自悟하여 중국에 가서 석옥石屋과 법거량하였고, 태고보우太古普雨, 1301~1382는 석옥에 의탁하여 해타咳唾를 입어 개오開悟하였다. 세속에서 백운을 뒤로하고 태고를 높이나, 백운의 경지가 탁연卓然함을 석옥이 인정하였다.

백운집白雲集은 백운의 법문을 제자가 정리하여 기록한 것인데 간결한 말로 학인들을 선문禪門으로 인도하는 요어要語가 탁견卓見이다. 또한 선문직지심체요절禪門直指心體要節은 선문禪門의 요감要鑑이다.

禪詩 第78目 自閑頌 王維, 山客

桃紅復含宿雨 도홍부함숙우
柳綠更帶春煙 유록갱대춘연
花落家童未掃 화락가동미소
鶯啼山客猶眠 앵제산객유면

복사꽃 연분홍 간밤 비에 젖어 있고
푸른 버들가지에 봄 안개 어리네.
꽃잎은 시나브로 떨어지는데
꾀꼬리 울음 속에 나그네는 졸고 있네.

작자는 당唐의 시불詩佛 왕유王維 699~759이다. 시불詩佛로 숭앙되는 때는 북송北宋의 소동파蘇東坡가 왕유를 존숭尊崇한 이후라 할 것이다. 시성詩聖이라 불리우는 두보杜甫는 청한淸閑을 읊은 중근中根의 수행자라면 왕유는 자득自得의 경지로써 자연의 참 빛깔에 성性을 빗대어 읊은 무정無情의 대시인大詩人이다.

왕유는 젊어서 하택신회荷澤神會선사에게 배웠고, 안사安史의 난亂을 피해 종남산終南山에 은거隱居하자마자 대오大悟하였다. 소동파蘇東坡가 "마힐선생[王維]의 시를 보면 그저 옷깃만 여밀 뿐이다."라 하였다.

보공자한步空自閑시인으로는 소동파 이전은 다만 왕유가 있을 따름이다. 명名은 유維요, 자字는 마힐摩詰이라 합하면 유마힐維摩詰이다. 일설一說에 왕유의 전세前世는 서천西天의 고승高僧이라 한다. 뒤에 당唐 대종代宗=世宗은 "천하의 문종文宗"이라 격찬했다.

그림에도 뛰어나 남종화南宗畵의 비조鼻祖로 불린다. 장안長安의 자은사慈恩寺에 그린 벽화 백묘화白描畵와 금벽청록金碧青綠의 산수화가 절품이다. 상서우승尙書右丞 때 죽었으므로 왕우승王右丞으로도 불리며 〈왕우승문집〉 10권이 있다. 당시의 고승高僧들과 교유가 넓었다.

왕유를 적확히 보려면 그의 고시高詩 십 편을 가려내는 안목이 서야 할 것이다. 시취詩趣는 무위자한無爲自閑에 거처한다.

禪詩 第79目　逍遙太能선사, 無影木

一株無影木　일주무영목
移就火中栽　이취화중재
不假三春雨　불가삼춘우
紅花爛漫開　홍화난만개

한 그루 그림자 없는 나무를
불 속에 옮겨 심었더니
봄비를 빌리지 않아도
붉은 꽃 어지러이 피누나.

무영목無影木은 청정각명淸淨覺明의 진심眞心을 가리킨다. 진심眞心을 유가儒家에서는 도심道心이라 하고, 도가道家에서는 청정광명淸淨光明이라 하며, 능엄楞嚴에서는 청정각명淸淨覺明이라 한다. 범부는 망심妄心으로 인생을 꾸리며 정념情念의 노예로 살아간다.

고로 불가佛家는 성性을 보라![見]하고, 유가儒家는 성性을 밝히라![明]하며, 도가道家는 회복하라![歸] 또 허사적풍虛邪賊風의 마음을 덜어라[損]! 라고 하는 것이다. 망심妄心을 유가儒家에서는 위危라 하고, 도가道家에서는 태殆라 한다. 망심妄心이 인생을 위태危殆롭게 하기 때문이다. 만약 이 말을 듣자마자 망심妄心 지우는 공부에 나아가 올곧게 선다면 이러한 인물은 상선上善의 인물이라 하겠다.

진심眞心은 선악善惡과 시비是非와 사생死生에 물들지 아니한다. 모든 사람이 진심眞心을 지니고 있으나 배우지 못해 알지 못하고, 듣고도 믿지 못해 진심眞心 밝히는 공부에 나아가지 않는 것이다. 진심眞心에는 선악善惡과 시비是非와 사생死生이 있지 않다.

그러므로 깨친 이는 육신肉身을 티끌 같이 보고 사생死生을 한갓 아지랑이처럼 여기는 것이다. 고금古今에 실다운 이치가 이러하나 배우고 따르는 인물이 드물다. 권력權力과 부귀富貴와

색色을 탐욕하고, 스스로를 높이고 남을 미워[惡]하여 성내기[嗔]를 그치지 않으며, 어리석은 지식으로 우매한 판단에 거처하기를 좋아하는 습식習識에 젖어 있는 까닭이다.

禪詩 第80目　　啓導頌 天童宏智선사, 方便

慈悲方便事　자비방편사
觸處有工夫　촉처유공부
應變隨聲色　응변수성색
團團盤走珠　단단반주주

자비로 펴는 방편의 공부길이여!
부딪는 곳마다 공부가 있나니.
소리와 모습 따라 응용하고 변통을 드러내나니
둥근 쟁반 위에 구슬이 구르듯 하누나.

천동굉지天童宏智선사는 묵조선默照禪의 비조鼻祖이다. 묵조선이란 자성自性을 묵묵반조默默反照하는 선법禪法이다. 간화선看話禪을 주창한 대혜종고와 같은 시대 인물이다. 만년에 대혜를 만나 미진微塵을 지우고 대법大法을 열었다.

"둥근 쟁반 위에 구슬이 구르듯 하누나[團團盤走珠]."는 진심眞心이 또렷 두렷이 항상恒常하게 나타나 있음을 가리킨다.

천동天童이 입적하매, 대혜大慧의 영가靈駕법문에 "법의 바다가 말라버렸고 법의 깃대가 꺾이었다."라고 찬했다. 간화看話와 묵조默照 모두 방편설方便說이다. 간화법看話法과 묵조법默照法과 염불법念佛法 모두가 관심법觀心法으로 귀일歸一 하는 줄 알면 공부가 순일純一하게 지어질 것이다.

禪詩 第81目　　一絲文守선사, 方便

浮雲流水是生涯	부운유수시생애
歇泊隨緣掛錫枝	헐박수연괘석지
衲子由來無定跡	납자유래무정적
從敎去住負心期	종교거주부심기

구름처럼 떠돌며 물처럼 흘러가는 내 생애여
인연 따라 쉬고 머물며 지팡이 걸어 둔다네.
납자는 원래 정한 처소가 없나니
가고 머무는 것 마음 가는 대로에 맡겼네라.

이 시는 왜승倭僧 일사문수一絲文守, 1608~1646의 작이다. 18세에 출가하였다. 견처見處가 생하여 조동종 우당동식愚堂東寔의 법을 이었다. 그러나 39세에 입적하였다.

제일구의 '부운유수浮雲流水'로부터 운수객雲水客이라는 말이 생겼다고 한다. 운수雲水란 무주입진無住立眞의 수행법이다. 행行으로써 집착執着을 쉬는 습習을 기르는 방편인 것이다.

일사문수一絲文守가 스스로 임성수연任性隨緣한다고 한다.

禪詩 第82目　　悟道頌 懶翁선사, 法王

山河大地眼前花	산하대지안전화
萬象森羅亦復然	만상삼라역부연
自性方知元淸淨	자성방지원청정
塵塵刹刹法王身	진진찰찰법왕신

산하와 대지가 눈앞의 꽃[空華]이요

만상과 삼라도 또한 그럴 뿐이네.

자성自性이 원래 청정한 줄 바야흐로 알았나니

진진찰찰이 법왕法王의 몸이로다.

화花는 공화空華요, 공화空華는 환幻이다. 산하대지山河大地와 만상삼라萬象森羅가 다 환幻이다. 누가 이 도리를 믿어 통해通解하는가? 원각경圓覺經에 이른다. "이환즉무 부작방편離幻則無 不作方便" 즉 '환몽幻夢을 지우면 망심妄心이 없나니 다시 방편 지을 것 없느니라.'라는 뜻이다. 고로 깨친 이의 직언直言은 "아무 것도 없다"고 한다.

앞의 시는 여말麗末의 나옹懶翁선사가 지었다. 나옹懶翁이 "이환즉진離幻則眞"의 경지를 체득體得하고 읊은 오도송悟道頌이다.

나옹懶翁은 20세에 출가하여 양주 회암사檜巖寺에서 정진하다 견처見處가 열리고, 북경에 가서 지공指空화상을 만나 법담을 나눴다. 또한 평산처림平山處林을 만나 법의法衣와 불자拂子를 받고, 다시 지공指空에게 인가받았다. 39세에 귀국하여 곳곳에서 법을 설했다. 52세 때 왕사王師가 되고, 57세 때 우왕의 명을 받고 밀양 영원사瑩原寺로 가다가 여주 신륵사神勒寺에서 입적했다. 목은牧隱 이색李穡이 비문을 지었는데 그 비와 부도가 회암사檜巖寺에 있다. 범부의 마음[眞心]이 시공간時空間을 초월하여 불생불멸不生不滅하는 영원한 존재存在라는 것을 통해通解할 수 있으면 선근善根의 불씨가 꿈틀거린다고 할 수 있다.

마음공부란 신해문信解門을 의지하여 싹트는 것이다. 비록 공부문工夫門을 두드렸더라도 신해信解가 부실不實하면 육도六道에 어지러이 윤회輪迴함을 면하지 못한다.

禪詩 第83目 逍遙頌 浮雪居士, 歸依

目無所見無分別 목무소견무분별
耳聽無聲絶是非 이청무성절시비
分別是非都放下 분별시비도방하
但看心佛自歸依 단간심불자귀의

눈이 보는 것이 없으니 분별이 없고
귀는 들어도 소리가 없으니 시비가 끊어졌네
분별分別과 시비是非를 모두 놓아버리고
다만 마음의 부처를 보아 스스로 귀의할 뿐이네

마음의 작용을 쉬면 보고 들으매 눈과 귀가 따라서 쉰다. 눈과 귀는 무정물이라 주인이 하는대로 따르는 것이다.

부설浮雪거사가 적정경안寂靜輕安의 경지를 읊었다고 하겠다. 앞의 시는 부설浮雪거사의 임종게이다. 신라 선덕여왕 때, 부설浮雪스님이 두릉동에서 구무원仇無寃의 딸 묘화妙花라는 여인을 만나 환속還俗하였다.

그 뒤 농사지으며 공부하여 대도大道를 투득透得하였다. 부설浮雪거사의 각覺은 그 경지가 높아 특별한 행적과 높은 견처見處를 보였다.

禪詩 第84目 大慧宗杲선사, 風面

三月韶光沒處收	삼월소광몰처수
一時散在柳梢頭	일시산재유초두
可憐不見春風面	가련불견춘풍면
却看殘紅逐水流	각간잔홍축수류

춘삼월 햇빛 모아둘 곳 없어
버들가지 위에 눈부시게 흩어져 있네.
아깝게도 봄바람의 면목面目은 보이지 않고
물 따라 흘러가는 붉은 꽃잎만 보게 되는구나.

선禪의 시심詩心이 선심禪心이 되는 것은 진심眞心이 상방대광명常放大光明하고 대비大悲가 삼라만상森羅萬象을 적시는 연유이다.

"봄바람의 얼굴은 보이지 않음"은 모습 없는 진심眞心의 체體를 가리키고, "붉은 꽃잎만 보이는 것"은 대적大寂의 무위無爲를 드러내는 것을 그린 것이다.

이 시는 대혜종고大慧宗杲, 1088~1163선사의 작으로 무위한거無爲閑居를 드러내었다.

禪詩 第85目　臨終偈 나옹의 누이 혹은 함허득통, 不隨

生也一片浮雲起	생야일편부운기
死也一片浮雲滅	사야일편부운멸
浮雲自體本無實	부운자체본무실
生死去來亦如然	생사거래역여연
獨有一物常獨露	독유일물상독로
湛然不隨於生死	담연불수어생사

삶이란 한 조각구름이 일어남이요
죽음은 한 조각구름이 사라짐일세.
뜬 구름의 체성體性은 본디 실답지 않나니
삶과 죽음을 넘나 듦이 또한 그렇지 않은가?
오직 하나 불성佛性 만이 언제나 홀로 두렷하거이
마음이 맑고 고요하면 삶과 죽음을 벗어난다네.

나옹의 누이 혹은 함허득통의의 게송이다. 일곱 자 여덟 줄의 시편에 인생사의 요묘要妙와 지도指道가 간명하게 드러나 있다. 범중梵衆의 교화에 도추道樞가 되는 게송偈頌이다.

시취詩趣와 풍격風格이 상지상품上之上品이다.

나옹懶翁선사 누이의 원게原偈는,

空手來空手去是人生 빈손으로 와서 빈손으로 가는 것이 인생일진저
生從何處來 삶은 어디서 와서
死向何處去 죽을 때는 어디로 가는 것인가
生也一片浮雲起 태어남이란 한 조각 뜬구름이 일어남이요
死也一片浮雲滅 죽음이란 한 조각 뜬구름이 사라짐일세.
浮雲自體本無生 뜬구름은 본래 남이 없나니
獨有一物常獨露 홀로[光明하는] 한 물건[佛性]이 홀로 청정淸淨을 나투누나.
生死去來亦如然 생사生死와 거래去來가 역시 그러할진저
澹然不隨於生死 담연히 태어나고 죽음을 따르지 않나니라.

작자는 나옹懶翁, 나옹懶翁의 누이, 함허득통기화涵虛得通己和, 청허휴정淸虛休靜 등의 인물 중에 한 분 인 것 같다. 조선후대의 기록에는 청허휴정의 작이라 한다. 문헌으로는 함허어록涵虛語錄

속의 법문法問에 보인다. 일설에 함허가 나옹 혹은 나옹의 누이의 게송을 인용하여 법문한 것이라 하나 적확히 알 수 없다. 후대 조선승려의 송구집頌句集에는 청허淸虛의 작으로 기록되어 있다.

추론컨대 나옹懶翁의 누이 혹은 함허涵虛의 작이 유력해 보인다. 게송의 내용은 뒷사람의 미혹迷惑을 깨우는 명시名詩이다. 누구의 이름으로 알려지는 것이 문제가 되지 않으나 고증考證을 중요시하는 학자에게는 위의 추론推論으로 짐작하는 것이 적당해 보인다.

뒷날에는"空手來空手去是人生 / 生從何處來 / 死向何處去/"를 생략하고,

生也一片浮雲起
死也一片浮雲滅
浮雲自體本無生
獨有一物常獨露
生死去來亦如然
澹然不隨於生死

육구六句만을 송구誦句하거나 아래의 사구四句만을 옮겨 놓은 책도 보인다.

生也一片浮雲起
死也一片浮雲滅

浮雲自體本無生

生死去來亦如然

살피건대 양주 화암사華巖寺와 서울 금천구 호암사虎巖寺의 주련柱聯에 위 게송이 실려 있다. 지금의 불교계에서 49재 의식에 송불하고 있다.

[출처出處]

함허어록 총목차 문 29편
왕태후의 혼령을 천도하는 세 번째 법화회薦王太后仙駕法華第三會
원경 왕태후의 혼령을 위한 법어爲元敬王太后仙駕下語
爲元敬王太后仙駕下語
生也一片浮雲起。死也一片浮雲滅。浮雲自體澈底空。幻身生滅亦如然。就中一箇長靈物。幾經刼火常湛然。所以道。湛湛有同香水海。深深無異補怛山。元敬王太后仙駕。及法界諸有情。普願齊開向上眼。佛刹天堂任遨遊
『함허당득통화상어록』涵虛堂得通和尚語錄

함허득통涵虛得通이 설하다. 원경왕태후의 혼령을 위한 법어爲元敬王太后仙駕下語

"태어나는 것은 한 조각 뜬구름이 일어나는 것이요, 죽는 것은 한 조각 뜬구름이 사라지는 것입니다. 뜬구름 자체는 철저히 공하고, 허깨비 같은 몸이 태어나고 죽는 것 또한 그러하나니, 그 속에 영원하고 신령한 한 물건이 있어 겁화劫火를 수없이 겪어도 언제나 담연합니다. 그런고로 말하기를, '담담하기가 향수의 바다香水海와 같고, 깊고 깊기가 보달산補怛山과 다르지 않다.'라고 하니, 원경元敬 왕태후 혼령과 법계의 뭇 중생들이 모두 높은 곳을 보는 눈을 떠서 부처님 나라 극락에 마음대로 노닐기를 두루 바랍니다."

일설에 나옹懶翁의 누이가 나옹의 편지와 게송偈頌을 보고 느낀 바 있어 출가하여 비구니比丘尼가 되었다고 한다. 나옹의 게송은 '일심一心을 반조返照하며 나무아미타불南無阿彌陀佛을 염송하면 마침내 금색의 자비광명이 현전한다.'는 내용이다. 그리하여 나옹의 누이가 회광반조回光返照의 공부에 집중하여 견처見處가 밝아졌다고 한다. 나옹懶翁의 누이가 임종에 가까워짐에 위의 게송을 읊어 따르는 무리들을 계도啓導하는 도추道樞를 남겼다고 한다.

禪詩 第86目 華嚴經

心如工畵師 심여공화사
能畵諸世間 능화제세간
五蘊實從生 오온실종생
無法而不造 무법이부조

마음[妄心]은 온갖 그림을 그리나니
능히 제 세간世間을 그리누나.
오온五蘊이 실로 남[生]을 따르나
한 법[一法]도 없으며 지은 바 없도다.

불법佛法이 부득이 해서 태어난 방편설方便說인 줄 알지 못하면 불법을 아는 사람이 아니다. 고로 본래무법本來無法의 도리에 합동해야 불법의 문고리를 잡은 것이다.

일체유심조一切唯心造의 말뜻에 망심妄心이 주어主語가 되나 망심妄心의 체성體性은 진심眞心이다.

"心如工畵師"는 오온五蘊의 치성熾盛으로 지은 망심妄心의 세계요, "無法而不造"는 진심眞心의 적이상조寂而常照하는 경계이다.

禪詩 第87目 示寂頌 清虛休靜대사, 紅爐

千計萬思量　천계만사량
紅爐一點雪　홍로일점설
泥牛水上行　니우수상행
大地虛空裂　대지허공열

천千의 계책과 만 가지 사량思量이
붉은 화로에 한 점의 눈송이라
진흙소가 물 위를 가나니
대지와 허공이 찢어지누나.

소해 素解

니우泥牛는 환아幻我을 가리킨다. 환심幻心으로 환아幻我를 세우는 바이나, 환심幻心을 여의어 진심眞心이 드러나면 곧 청정각명淸淨覺明을 회복한 것이다. 고로 "千計萬思量"이 "紅爐一點雪"인 것이다.

지취旨趣가 직절直截하여 중인衆人을 깨운다.

禪詩 第88目 逍遙頌 震默대사, 大醉

天衾地席山爲枕	천금지석산위침
月燭雲屛海作樽	월촉운병해작준
大醉居然仍起舞	대취거연잉기무
却嫌長袖掛崑崙	각혐장수괘곤륜

하늘을 이불하고 땅을 자리하며 산을 베개로 삼고서
달을 촛불로 구름을 병풍, 바닷물을 술로 잔에 부어
크게 취해 조용히 일어나 춤을 추나니
외려 긴 소매가 곤륜산에 걸리는 게 싫구나.

소해 素解

진묵1562~1633대사는 조선 중기의 인물이다. 7세에 전주 봉서사鳳棲寺에 출가하였다. 불망지不忘智가 있어 책을 한번 읽으면 모두를 기억했다.

변산의 월명암月明庵, 대원사大圓寺 등지에 한유閑遊했으며 많은 신적神跡을 보였다. 경經을 보다가 삼매三昧에 들어 몇 날이 지나는 일이 허다하였다.

'혐嫌'자字에 경지가 배어난다. 咄!

禪詩 第89目 高峯原妙선사, 一院香

綠水陰濃夏日長	녹수음롱하일장
樓臺倒影入池塘	누대도영입지당
水晶簾動微風起	수정렴동미풍기
滿架薔薇一院香	만가장미일원향

푸른 숲 짙은 그늘 여름날은 길고 긴데
누대의 그림자는 연못 속에 거꾸로 잠겼구나.
미풍이 일어나 수정발이 흔들리고
줄기 뻗어 가득 핀 장미로 온 절이 향기롭네.

고봉高峰, 1238~1295선사가 나기 약 430년 전, 위산潙山선사가 낸 문제에 답한 게송偈頌이다. 위산영우潙山靈祐, 771~853선사는 위앙종潙仰宗의 비조鼻祖이다. 백장회해720~8140의 법을 이어 선풍을 드날렸다. 위산潙山의 제자 앙산仰山은 아난존자阿難尊者의 후신後身이라 한다. 위산과 앙산의 선풍禪風을 일러 위앙종潙仰宗이라 한다. 위산潙山이 '수고우水牯牛'란 화두를 남겼다. 하루는 위산潙山이 제자들에게 물었다.

"내가 삼년 후에 죽어 산 밑의 신도 집에 태어나면 왼쪽 옆구리에 '위산의 중 아무개'라고 쓰였을 것이다. 그때 만약 위산의 중이라 하려면 곧 수고우水牯牛이고, 만약 수고우水牯牛라 부르려면 곧 위산의 중 아무개일 것이니, 자! 무엇이라 불러야 하겠는가?"

이 문제[話頭]에 대해 뒷날의 고봉원묘高峯原妙가 앞의 시를 지었다. 고봉의 시는 한마디로 명名과 상相을 떠난 일구一句라 하겠다. 대적적大寂寂 대평화大平和를 읊은 것이다. 본구本具, 본태本態, 불언不言, 무위無爲의 한미閑味가 드러나 있다.

결말을 보태면 고봉高峯의 제자 중봉中峯이 고봉보다 공부경지가 높았다고 전한다. 중봉中峯의 저서 동어서화東語西話와 산방야화山房夜話에 날카로운 선지禪旨를 드러내어 제방 납자들을 놀라게 하였다.

고봉高峯의『선요禪要』는 우리나라 강원講院의 필독서必讀書이다.

고봉高峯의 "삼년공부대오설三年工夫大悟說"이 특장特長이다. 누구라도 삼년三年을 일심一心의 당처當處에 집중執中하여 관심觀心하면 대오大悟한다는 것이다.

禪詩 第90目　　心聞曇賁선사, 月向

芙蓉月向懷中照　　부용월향회중조
楊柳風來面上吹　　양류풍래면상취
夜半庭前柘枝舞　　야반정전자지무
天明羅袖濕臙脂　　천명라수습연지

연꽃잎 달빛 향해 가슴을 열고
버들잎 바람 불어 얼굴을 간지누나.
밤새도록 뜨락에서 춤을 추었더이
날 밝으니 비단소매에 분 냄새가 축축하네.

앞의 시는 심문담분心聞曇賁이 선문염송禪門拈頌에 읊은 송頌이다. 심문心聞은 남악南嶽하 16세손이다.

어느 날 위산潙山이 앉아 있는데 제자 앙산仰山이 들어왔다. 위산이 두 주먹을 마주 쥐어 보였다. 앙산이 얼른 알아보면서 여자들이 하는 무릎만 약간 굽히는 절을 했다. 이를 본 위산이 고개를 끄덕이며 "옳지! 옳도다!" 했다는 것이다.

이를 화제話題삼아 심문心聞이 위의 답게答偈를 지었다.

禪詩 第91目 馬祖道一선사, 不負言

雲盡秋空一鏡圓	운진추공일경원
寒鴉隻去偶成痕	한아척거우성흔
南陽老子通消息	남양노자통소식
千里東風不負言	천리동풍불부언

구름 없는 가을 하늘, 두렷 밝은 거울이거이
찬 기러기 날아가며 흔적을 남기구나.
남양南陽의 저 노인네[慧忠] 이 소식에 통했거니
꽃바람 천리 사이 말 둘 것 아니매라.

마조도일馬祖道一,709~788선사가 어느 날 일원상一圓相을 그려 경산도흠徑山道欽, 713~792에게 보냈다. 이를 받아본 도흠道欽은 일원상一圓相 가운데 점點을 하나 찍어 다시 마조馬祖에게 되돌려 보냈다.

이 일이 소문나자 남양혜충南陽慧忠?~775국사가 전해 듣고 이렇게 말했다. "도흠道欽이 마조馬祖의 속임수에 그만 넘어갔구나." 하였다. 남양혜충南陽慧忠은 용수보살龍樹菩薩의 후신이다.

이 소식 전해들은 마조馬祖가 "구름 없는 가을 하늘[雲盡秋空]"을 읊었다. 남양南陽은 마조馬祖의 사숙師叔이다.

禪詩 第92目　　閑觀頌 懶翁선사, 擊空

擊碎虛空無內外	격쇄허공무내외
一塵不立露堂堂	일진불입로당당
飜身直透威音後	번신직투위음후
滿月寒光照破床	만월한광조파상

허공을 쳐부수니 안팎이 없고
티끌 하나 없는 자리 당당堂堂 드러났네.
몸을 뒤쳐 위음왕불威音王佛의 뒤를 뚫나니
보름달 찬 빛이 낡은 경상經床을 비추누나.

나옹懶翁, 1320~1378선사의 오도송悟道頌이다. 위음威音은 석가釋迦 이전의 옛 부처님을 가리킨다. 나옹은 여말麗末의 스님으로 일찍이 벗의 죽음을 계기로 20세에 출가하고, 25세에 양주楊州 회암사檜巖寺에서 선정禪定에 들었다가 홀연히 견처見處가 생하였다.

오처奧處가 허공경계虛空境界에 합하였더라도 다시 허공경계虛空境界도 지우고 대적무심지大寂無心地에 계합해야 '참 사람'이라 할 수 있다.

나옹懶翁은 1347년에는 지공指空에게 법을 받고 1358년에 귀국하여 1361년에 왕사王師가 되고, 1376년에 세수 57세 법랍法臘 37세로 입적入寂하였다.

禪詩 第93目 慧諶선사, 不思

有無坐斷露眞常	유무좌단로진상
一點孤明若太陽	일점고명약태양
直下承當猶喫棒	직하승당유끽방
那堪冷坐暗思量	나감냉좌암사량

있느니 없느니 절멸하여 진상眞常이 드러나니
한 점 홀로 두루 밝음이 태양 같구나.
바로 곧 알아채도 방망이 맞을 일이거니
어찌 쓸쓸히 앉아 이리저리 생각하리오.

선禪은 유有와 무無에 속하지 아니하고, 나타남과 사라짐 밖의 소식이다.

'참[眞]'은 모습이 없거늘 어떤 눈으로 볼 수 있는가? 도道의 체성體性이 이러거늘 어찌 부질없이 생각을 굴리는 것을 용납하리오.

혜심慧諶, 1178~1234의 호號는 무의자無衣子이다. 혜심은 문자반야文字般若를 여의고 관조반야觀照般若를 지나 실상반야實相般若에 나아가 대법大法을 떨쳤다.

교문敎門의 문자의文字衣를 입고 한 세상을 누비며 이름을 떨치는 이가 어찌 인과응보因果應報를 면하리오. 혜심慧諶이 벗어던진 옷은 문자반야文字般若이다.

禪詩 第94目 詩佛 王維, 青苔

空山不見人 공산불견인
但聞人語響 단문인어성
返景入深林 반경입심림
復照青苔上 부조청태상

빈산에 사람은 보이지 않는데
말소리만 어슴푸레 들리어 오네.
지는 햇살 한 가닥 숲속으로 들어와
푸른 이끼 위를 비추고 있네.

왕유王維701~761가 개오開悟하고 망천輞川에서 은거 할 때 읊은 시이다. 원제는 녹채鹿柴이다. 32세에 부인을 사별하고 평생을 혼자 살았다.

왕유는 숙세宿世의 수행자라 전한다. 녹채鹿柴에는 본연本然과 무진無塵과 이속離俗이 은근히 드러나 있다.

만약 "공산불견인空山不見人"에서 귀진歸眞하고, "지는 햇살이…푸른 이끼 위를 비추고 있네."에서 적정寂靜에 계합契合하는 도리를 보면 왕유와 마주하는 사람이라 하겠다.

禪詩 第95目 圓通頌 鰲巖화상, 眞性

淸晨高樹鶯留鳴	청신고수앵류명
問爾何心我耳驚	문이하심아이경
願得圓通無碍力	원득원통무애력
普聞眞性不聞聲	보문진성불문성

맑은 새벽 나뭇가지 높이 꾀꼬리 울음
묻노니, 네 무슨 마음으로 내 귀를 놀라게 하느냐?
원컨대, 막힘없는 원통圓通의 힘을 얻어
널리 진성眞性을 듣고 소리는 듣지 말라.

오암鰲巖,1710~1792화상은 조선 중엽의 스님이다. 법명은 의민毅旻이다. 청하의 오두촌鰲頭村에서 태어난 고로 호를 오암鰲巖이라 하였다.

꾀꼬리 울음曉鶯鳴은 능엄경의 반문문성反聞聞性의 이근원통설耳根圓通說에서 깨침을 얻었다는 소식을 가리킨다.

즉 "꽃을 보고 색이 공空함을 깨닫고, 새소리 듣고 듣는 성품을 밝힌다看花悟色空 聽鳥明聞性"는 묵묵반조默默反照의 과果를 이룬 것이라 하겠다.

禪詩 第96目 啓導頌 懶翁선사, 紫金光

阿彌陀佛在何方	아미타불재하방
着得心頭切莫忘	착득심두절막망
念到念窮無念處	염도염궁무념처
六門常放紫金光	육문상방자금광

아미타阿彌陀부처님 어디에 계신가?
가슴에 얹어 두고 잊지 말게나.
생각이 다해 더 생각할 수 없는 곳에 이르면
육문六門에서 금색광명金色光明 쏟아지리라.

나옹懶翁화상이 20세에 무상無常을 느껴 출가하였는데, 스님의 누이가 오래비가 보고파 절에 찾아오는 것이었다. 이에 위 시를 지어 계도啓導하였다.

나옹懶翁이 "생각이 끊어진 곳에 이르면, 육문六門에서 금색광명金色光明 쏟아지리라."라고 한다.

생각이 쉬어 끊어져서 대적大寂이 부동不動하여 여여如如하지 않으면 진아眞我가 드러나지 않는 것이다. 아미타불을 념念하는 이는 념念의 적의的意를 적확的確히 알아야 할지다.

禪詩 第97目　　逍遙頌 普雨선사, 悠悠

春山無伴獨尋幽　　춘산무반독심유
挾路桃花襯杖頭　　협로도화친장두
一宿上雲疎雨夜　　일숙상운소우야
禪心詩思兩悠悠　　선심시사양유유

길동무 없이 홀로 봄 산 깊숙이 들어가니
길가의 복사꽃 지팡이에 스친다.
상운암上雲庵의 밤은 성근 비에 젖는데
선심禪心과 시사詩思가 유유悠悠하도다.

명종 때의 고승 허응당虛應堂 보우普雨, 1506~1565선사의 시이다. "지금 내가 죽으면 불법이 영원히 끊어질 것이다."라는 말을 남기고 제주도로 귀양을 갔다가 변협邊協에게 피살을 당했다. 문정왕후가 죽자마자 불과 6개월 동안 보우普雨를 죽여야 한다는 계啓가 75건, 불교의 폐단과 보우의 처벌을 요구하는 상소가 423건이나 쏟아져 올라왔다고 한다.

보우는 1550년 45세에 승려의 도첩제를 부활시켜 불교중흥을 도모했고, 1560년 선종판사禪宗判事가 되어 서산西山과 사명四溟 등을 등용했다.

능엄경楞嚴經의 명구名句 "清淨本然 云何忽生山下大地"를 선종禪宗의 승과문제僧科問題로 내었다. 서산이 "清淨本然커니 云何忽生山下大地아"라 현토懸吐하여 답하였다. 다음 해 사명에게 같은 문제를 주었는데, 사명은 "清淨本然거늘 云何忽生山下大地리오"라 답했다.

1565년 사후死後, 말의 몸을 빌려 잠시 왔다가 "말죽거리"와 "양천현감 죽은 말보듯"이란 일화를 남겼다.

보우普雨의 일정론一正論은 요지가 "인시천人是天 천시인天是人"인데 곧 '사람이 곧 하늘이다'라는 설이다. 훗날 동학교의 최재

우가 "人乃天 天乃人"이라 글자를 고쳐 교리로 삼았다. 보우는 숭유억불崇儒抑佛의 어지러운 세상에 나와 몸을 던진 난세亂世의 선사禪師이다.

禪詩 第98目 示寂頌 涵虛得通선사, 一椀茶

一椀茶出一片心	일완다출일편심
一片心在一椀茶	일편심재일완다
當用一椀茶一嘗	당용일완다일상
一嘗應生無量樂	일상응생무량락

한 잔의 차에 한 조각 마음이 나오나니
한 조각 마음이 차 한 잔에 담겼구나.
자, 이 차 한 잔 마셔보시게
한 번 맛보면 근심 걱정 모두 사라진다네.

예부터 불가佛家에서는 일상에 차茶를 애용해 왔다. 다반사茶飯事였던 것이다. 차 달이고 마시는 그 가운데 주인공主人公이 두렷하나니 문득 망심妄心이 지워지고 진심眞心이 현현顯現하면 홀연히 속견俗見에서 벗어나는 것이다. 속견에서 벗어난 연후라사 다선일미茶禪一味를 말할 수 있는 것이다.

조주조사趙州祖師가 "끽다거喫茶去"의 법을 펴서 잡화포雜貨鋪를 열었다. 이로 인하여 상중하上中下의 근기가 제 깜냥대로 법을 얻은 것이다. 조주趙州는 석가釋迦이전 바라왕불派羅王佛의 후신이다.

함허涵虛는 진금포眞金鋪의 길을 열었다. 함허당涵虛堂 득통기화得通己和, 1376~1433는 성균관에 들어가 공부하다가 21세에 갑작스런 벗의 죽음을 보고 출가하였다. 제방諸方을 다니며 수행하다가 황해도 평산 자모산慈母山 연봉사蓮峰寺에서 작은 방을 얻어 함허당涵虛堂이라 이름하고 3년간 간경묵좌看經默坐하여 개오開悟한 이후 함허당으로 알려졌다.

세종대왕의 청에 의해 개성 대자사大慈寺에 머물면서 선비대비先妣大妃의 명복을 빌고 왕과 신하들을 위해 법을 설하기도 했다. 함허涵虛의 문인에 신미信眉대사, 괴애乖崖 김수온金守溫, 효령대군孝寧大君등이 있다.

함허득통涵虛得通의 저술에 원각경소圓覺經疏, 금강경오가해설의金剛經五家解說誼, 현정론顯正論, 유석질의론儒釋質疑論등이 있으며 함허어록涵虛語錄이 전한다.

禪詩 第99目　　靜觀頌 淸虛休靜선사, 十年

十年端坐擁心城	십년단좌옹심성
慣得深林鳥不驚	관득심림조불경
昨夜松潭風雨惡	작야송담풍우악
魚生一角鶴三聲	어생일각학삼성

십년을 단정히 앉아 마음성을 지켰더니
숲속의 새들도 길들어져 놀라지를 않는구나.
어젯밤 송담松潭에 세찬 비바람 몰아치더니
고기는 한 구석에 있고, 학은 세 번 울며 날아갔다네.

송담松潭에 악풍우惡風雨 오니, 물고기는 한구석에 피해있고, 소나무에 깃들었던 학鶴은 세 번 구억口憶! 울고는 먼 데로 날아갔다는 것이다. "魚生一角鶴三聲"은 수연무위隨緣無爲를 적지的指했다.

송담松潭의 세찬 비바람에 고기가 모인 것은 범부의 살림살이요, 학鶴이 세 번 우는 것은 삼세三世를 지우는 소식이다.

"魚生一角鶴三聲"을 구모토각龜毛兎角으로 풀어도 허물없이 의취義趣가 통한다.

禪詩 第100目 憨山德淸대사, 山居

春深雨過落花飛	춘심우과낙화비
冉冉天香上衲衣	염염천향상납의
一片閒心無處著	일편한심무처저
峰頭倚杖看雲歸	봉두의장간운귀

봄 깊어 비 지나자 꽃잎 져 날리니
상큼한 그 향기 옷깃에 스미누나.
한 조각 이 마음 머물 곳이 없어
지팡이에 기대어 저 구름을 바라보네.

감산덕청憨山德淸대사의 일편한심一片閒心은 어떤 모습이길래 머물 곳이 없다고 하는가?

학자가 만약 공적영지空寂靈知의 진심眞心을 자득하여 무념無念과 무상無相과 무주無住에 통투通透한다면 필경畢竟에 적연부동寂然不動의 경지일 것이다.

그때에 이르러 감산덕청憨山德淸의 일편한심一片閒心과 만나지 않겠는가? 염염冉冉은 향기가 나는 모양이다.

禪詩 第101目　示徒頌 眞覺慧諶선사, 示衆

碧眼對青山　벽안대청산
塵不容其間　진불용기간
自然淸到骨　자연청도골
何更覓泥洹　하갱멱니원

푸른 눈으로 푸른 산을 마주하나니
이 사이에 티끌이 끼어들지 못하누나.
해맑은 기운이 뼛속까지 통하나니
열반적정涅槃寂靜 다시 찾아 무엇하리오.

소해 素解

선당禪堂에서 학인學人들에게 보인 게송偈頌이다. 무명無明과 열반涅槃을 지운 진각혜심眞覺慧諶의 견처見處가 드러나 있다.

禪詩 第102目　指情頌 淸虛休靜대사, 聞琴

白雪亂纖手　백설난섬수
曲終情未終　곡종정미종
秋江開鏡色　추강개경색
畵出數靑峯　화출촉청봉

눈[雪]인 듯 고운 손 어지러이 움직여
가락은 끝나고 정情이 남았구나.
가을 강물은 거울 빛으로 열려서
푸른 산봉우리 그려내누나.

거문고 가락이 그친 빈 거울에 속정俗情만이 남았도다. 미혹迷惑의 그림자일세라. 이러히 저러히 얽히는 세상사世上事, 가을 하늘에 비추나니 허공은 세상사世上事를 용납하고도 말이 없다.

도덕경道德經의 요목要目은 절성기지絶聖棄智와 '처무위행불언處無爲行不言'이다. 하안何晏과 왕필王弼이 군말을 보탰으나 노자老子를 만난 것 같지 않다.

청허淸虛대사의 절성기지絶聖棄智가 '처무위행불언處無爲行不言'에 거처함이 보인다.

禪詩 第103目 閑觀頌 柳宗元, 江雪

千山鳥飛絶 천산조비절
萬徑人蹤滅 만경인종멸
孤舟簑笠翁 고주사립옹
獨釣寒江雪 독조한강설

천千 산엔 새의 자취 끊기고
만萬 길엔 사람 흔적 멸했는데
외로운 배 도롱이 쓴 늙은이
차디 찬 강설江雪 속에 홀로 낚싯대 드리웠네.

유종원柳宗元이 이 시詩 한 수首로 세상에서 이름을 얻었다. 시에 선미禪味가 있다고 하겠다.

유종원이 혜능惠能대사의 비문을 지었다. 유종원은 세속世俗에 거처하되 세속에 물든 인물이 아니다. 만년의 행처는 관조觀照에 정심精深한 오처奧處가 있었다.

"그때는 그러하고, 이때는 이러하다."는 일심一心의 행보로 지인至人의 세외世外걸음으로 향했던 인물이다.

禪詩 第104目　無本賈島, 尋隱

松下問童子　송하문동자
言師採藥去　언사채약거
只在此山中　지재차산중
雲深不知處　운심부지처

솔 아래 동자에게 물으니
스승은 약초 캐러 갔다하누나.
다만 이 산속에 있긴 하지만
구름 깊어 그 있는 곳 알지 못하네.
구름 깊어 그 있는 곳 알지 못하네.

범부는 탐진치貪瞋痴에 가린지 오래라, 마음의 당체當體를 알지 못해 조무석하朝霧夕霞의 상념想念에 이끌리어 이리로 저리로 쏘다니는 것으로 인생의 흥미興味로 삼는다.

가도賈島가 승려 시절에 힘써 배웠으나 마음길이 막혔다가 뒷날에 어렴풋이 측지測知한 바를 읊었다.

속 때 묻었어도 글맛이 있기에 고문진보古文眞寶에 실렸다. 시에 형광螢光의 소견所見이 보인다.

禪詩 第105目 　　 觀定頌 張至龍, 不應

樹杪鐘樓出半屋　　수초종루출반옥
佛床黠鼠弄殘燈　　불상힐서농잔등
五更石上僧猶定　　오경석상승유정
頭滿淸霜喚不應　　두만청상환불응

종루는 나무 끝으로 반쯤 솟았고
불단佛壇 위에선 생쥐가 등불을 희롱하누나.
날샐 녘, 반석盤石 위의 스님은 선정禪定에 들어
머리 가득 서리 내린 스님은 불러도 대답 없구려.

송宋의 장지룡張至龍이 선정禪定에 젖기를 즐겨하며 은자隱者의 삶을 추구했다. 남은 속진俗塵을 지우지 못해 애태우다 만년晩年에 개오開悟했다고 한다.

영암靈岩은 절의 이름이요, 수초樹杪는 나무 끝을 이르며, 힐서黠鼠는 생쥐이다. 반석盤石에 독좌獨坐하여 머리 가득 서리 내린 스님의 선정禪定을 넘겨다 보았다. 출전은 전당시全唐詩이다.

禪詩 第106目 靜觀頌 金正喜, 藥徑

藥徑通幽窅 약경통유요
蘿軒積雲霧 나헌적운무
山人獨酌時 산인독작시
復與飛花過 복여비화과

오솔길은 깊고도 멀리로 나 있고
칡덩굴 오른 처마에 안개구름 쌓이누나.
산사람과 저으기 수작酬酌할 제
꽃잎이 날다가 찻잔과 마주치누나.

추사秋史 김정희金正喜가 소년에 가찰家刹인 화엄사華嚴寺에 앉아 십년을 경론經論에 묻혔는데, 오십 가까이에 불이선不貳禪을 깨쳤다. 추사秋史가 만년에 제주도에 귀양가서 세한도歲寒圖를 그렸는데 당시와 지금의 문사文士가 그 뜻을 알지 못한다.

세한도歲寒圖의 작의作意는 논어論語의 "歲寒然後 知松柏之後凋"라, 깨친 후라야 청정각명淸淨覺明의 도심道心을 여실如實히 안다는 뜻이다.

도심道心은 충허冲虛하며 적연부동寂然不動이다. 도심道心을 추측으로 헤아리면 곳곳에서 어긋나고, 반드시 깨친 연후라야 합동合同할 수 있는 것이다.

추사秋史가 만년에 봉은사奉恩寺에서 오직 선정禪定에 드는 것을 즐겨 하였다. 한가한 때 이 시를 읊은 것으로 보인다. "꽃잎이 날다가 찻잔과 마주치누나."에 선미禪味가 있다.

禪詩 第107目　開悟頌 鏡虛惺牛선사, 太平歌

忽聞人語無鼻孔	홀문인어무비공
頓覺三千是我家	돈각삼천시아가
六月鷰巖山下路	유월연암산하로
野人無事太平歌	야인무사태평가

문득 콧구멍이 없다는 말을 들으매
온 우주가 내 집임을 깨달았네.
유월 연암산鷰巖山 아래 길에
일 없는 들사람이 태평가太平歌를 부르네.

경허鏡虛의 개오송과 행리行履에 분분한 해설과 평이 보인다. 박태평朴太平거사는 경허의 법은사法恩師이다. 박태평은 금강산, 오대산 등에서 이름 높은 도인道人이다. 박태평이 경허의 속가형俗家兄인 천장암天藏庵의 태허太虛화상을 찾아와 하룻밤 묵었다.

마침 동학사 강원에서 찾아온 경허에게 문제를 던지니 경허가 꽉 막혀 얼굴이 붉어졌다. 그리고 모모某某의 수작酬酌이 있었다. 이후 경허가 발분發憤하여 부동不動으로 선정禪定에 들었다가 몇일 뒤, 깨어나 위의 개오송開悟頌을 읊은 것이다. 시의 풍격風格은 상지하품上之下品이다.

앞의 시의 연암산鷰巖山은 천장암天藏庵의 뒷산이요, 야인野人은 박태평거사를 가리킨다. 태평가太平歌는 박태평거사의 게송偈頌이다. 태평가太平歌를 본다.

太平太平又太平　태평태평하고 또한 태평하나니
天下太平朴太平　천하태평은 박태평이로다.

경허는 1904년 몸을 숨겨 사라졌다가 1912년 기세하였다.

1932년께의 조선불교는 이미 피폐해 졌고, 용성龍城화상의 대각교大覺教만이 서울 한복판에서 정법正法을 세우고자 설법說法

과 교화敎化와 역경譯經에 홀로 힘쓰던 시절이었다. 만해가 "조선의 육천승려 가운데 정진제일精進第一"이라 칭송한 한암漢巖이 1935년경 조계종曹溪宗을 창종創宗하였다.

한암은 스스로의 법맥法脈을 경허에 붙이고, 승가僧伽의 기풍을 세우기 위해 박태평을 지우고 이처사李處士를 가립假立하여 경허법통鏡虛法統을 세웠다. 또한 반산보적盤山寶積의 게송을 경허에 붙이는 등의 우愚를 범했다. 이는 선맥禪脈을 정편正編하고 불교계를 정화淨化하여 선기禪機를 세우는 방편으로 부득이不得已한 일이라 하나, 선객禪客 박태평朴太平을 지운 것은 잘못이라 아니할 수 없다.

뒷날 동광혜두東光慧竇가 금강산에 가서 박태평朴太平노거사老居士를 의지해서 선지禪旨를 다듬었다. 동광혜두東光慧竇는 지혜가 밝아 용성龍城화상이 대각교이세大覺敎二世로 지명한 인물이다. 동광東光의 직지直指에 만년의 전강田岡이 입을 열지 못하고 얼굴이 붉어진 일이 '동광법어'에 보인다.

아무튼 한암漢巖이 경허를 가화假化한 이후로 경허에 대한 맹숭盲崇이 없지 않다고 하겠다. 이능화李能和와 진진응陳震應화상이 경허를 힐난詰難한 것은 불법이란 계戒를 떠나서 팔정도八正道에 나아갈 수 없다는 도리를 강조한 것이다. 계戒를 무시하고 막행막식莫行莫食하는 것은 수행에 독이 되는 것이다. 만약 계戒를 잘 지키며 선정禪定에 들어 집중執中하면 견도見道하기 가까운 것이다. '경허 세우기'보다 '경허 바로알기'를 통해서 뒷사람이 불법佛法을 곡해曲解하는 일이 없어져야 할 것이다. 아래에 경허오도송鏡虛悟道頌에 사족蛇足을 붙인 일화를 싣는다.

- 만공滿空과 전강田岡의 문답 -

전강　경허스님 오도송의 끝 구절이 냄새가 납니다.

만공　어디 자네가 한번 바로잡아 보게.

전강　'일없는 들사람[野人]이 태평가太平歌를 부르네'를 이렇게 바로잡아야 합니다.

(전강이 일어나 덩실덩실 춤을 추었다.)

[전강이 야인野人을 일없는 돌사람으로 읽어 풀었다]

만공　멋지도나. 참으로 멋지도나.

힐평詰評　만공滿空과 전강田岡이 얕은 반야[淺般若]로 일세一世를 지났도다.

심반야深般若를 알려고 하는가? 천반야淺般若의 고개를 넘은 뒤, 앞뒤와 언어와 모습이 끊어진 경지에서 세상 사람의 뒤에서서 불언不言의 광명光明을 나투는 것이다.

禪詩 第108目　　傳道偈 慧月선사

了知一切法　요지일체법
自性無所有　자성무소유
如是解法性　여시해법성
卽見盧舍那　즉견노사나

일체법一切法을 알아 마치면
자성自性에 아무것도 있지 아니하다.
이와 같이 법성法性을 알면
곧 법신法身을 보느니라.

경허鏡虛선사가 혜월을 시험한 뒤 "제자 가운데 지혜智慧는 혜월慧月이 가장 높다." 하고는 위의 전법게傳法偈를 써 주었다. 그런데 위 게송은 화엄경華嚴經의 말씀이다. 경구經句를 전법게로 삼아 전하는 것은 드문 일이다. 원효元曉스님도 경經과 논구論句를 인용하여 오도송悟道頌을 지은 바 있다. 중국에는 이러한 일이 보이지 않는다.

측사測思컨대 선게禪偈의 요목이란 무심無心과 본무本無와 무상無相과 무위無爲를 떠나서 서지 않는다. 그러므로 전법게傳法偈는 향상일로向上一路를 가리키거나 공부의 요목을 적시하는 것이 정리正理이다. 경구經句로써 전법게를 삼는 것은 부처님의 적설的說을 간취하고 세워 전하는 상법上法이 되는 것이라 하겠다.

혜월스님은 본시 일자무식一字無識인데 오후悟後에 드문드문 문자를 익히고 수심결修心訣과 혈맥론血脈論을 읽었다. 혜월이 선객禪客에게 즐겨 묻는 구절 가운데 하나를 들면 "단지불회시즉견성但只不會是卽見性"이 있다. 이 구절은 지눌知訥선사의 지어指語인데 혜월이 납자의 해오解悟를 가름하는 잣대로 삼았다. 그런 연후에 향상일로向上一路로써 곧질러 두드리고 이끌었다. "但只不會是卽見性"은 듣는 이가 스스로 적확히 해의解義하여야 도움이 된다.

혜월은 1861년 충청도 예산에서 출생하여 12세에 정혜사定慧寺로 출가 하여 24세에 천장암天藏庵에서 개오開悟하였다. 스승 경허鏡虛는 선풍禪風을 드날리다가 1904년 홀연히 종적을 감추었는데 1912년 함경도 갑산에서 입적하였다. 1928년 혜월과 만공과 철우가 묘를 개장하여 다비하였다. 만공이 유고를 수습하고 만해가 편교編矯한 경허집鏡虛集을 1931년 출간하였다.

1936년에 보인 혜월慧月의 임종상臨終像은 솔방울 가마니를 짊어지고 반 쯤 일어나는 자세로 입적入寂했다. 이는 서천17조 승가란제존자의 입적入寂 모습과 흡사하다.

승가란제의 후신後身은 지나支那의 3조 승찬僧璨대사이다. 혜월慧月의 지혜智慧와 행적行蹟을 뭇 선객禪客들이 존숭한다.

禪詩 第109目 指路頌 雲峯선사, 莫瞞

靑天白日莫瞞人	청천백일막만인
箇箇眼橫與鼻直	개개안횡여비직
有人若問又如何	유인약문우여하
明月窓前蘆花白	명월창전노화백

청천백일에 사람 속이지 말라
사람마다 눈은 가로 코는 세로로다.
누가 다시 도道가 어떤 물건이냐고 물으면
창밖에 달 밝으니 갈대꽃이 희다 하리라.

운봉성수雲峯性粹화상은 안동에서 태어나 13세에 출가하여 35세에 개오開悟했다. 스승은 혜월慧月선사이다.

용성龍城 만공滿空 보월寶月 등과 등등等等의 법거래를 하였다. 상당시에는 영지설靈知說과 무상설無相說과 몽환설夢幻說을 설했으며 선지禪旨가 통고通古하였다.

문인에 향곡혜림香谷蕙林, 1912~1978이 우뚝하다. 시취詩趣는 자족自足과 천연天然을 보이고 풍격風格은 무상적풍無相寂風을 드러내었다.

禪詩 第110目　　臨終偈 香谷蕙林선사

木人嶺上吹玉笛　목인영상취옥적
石女溪邊亦作舞　석녀계변역작무
威音那畔進一步　위음나반진일보
歷劫不昧常受用　역겁불매상수용

목인木人은 고개 위에서 옥피리 불고
석녀石女는 시냇가에서 춤을 추도다.
위음과 나반의 명상名相에서 한 걸음 나아가면
역겁歷劫에 드밝아 항상히 광명光明하니라.

앞의 임종게臨終偈의 지취旨趣는 겁외劫外에 거닌다. 위음威音은 본분향상本分向上 실제이지實際理地를 뜻하고 나반那畔은 외호신장外護神將을 의미한다. 향곡혜림香谷蕙林, 1912~1978스님은 경북 영일에서 출생하였다. 16세에 승려가 된 둘째형에게 옷을 전하기 위해 천성산千聖山 내원사內院寺에 갔다가 산세의 그윽함이 전세에 머물던 곳 같음을 느끼고 집으로 돌아갈 생각을 잊었다. 이에 출가하여 제방의 선방禪房을 다니며 도道를 묻고 참선하였다. 23세에 범어사梵魚寺 원효암元曉庵에서 운봉성수雲峯性粹화상을 만나 십년을 시봉侍奉하며 적정삼매寂靜三昧에 익어갔다. 하루는 운봉화상이,

"목침木枕을 목침이라 하지 말고 일러보아라"

함에 혜림蕙林이 일어나 목침을 차버리자 운봉화상이 이른다. "그것 말고 다시 일러라"함에 "천 마디 만 마디의 말이 모두 꿈속에서 꿈[夢中夢]을 설함입니다." 하였다.

운봉화상이 모모某某의 수작酬酌 후, 추효지견秋曉知見을 허여許與하고 전법게傳法偈를 주었다.

西來無紋印 서래무문인
無傳亦無受 무전역무수

若離無傳受 약리무전수
烏兎不同行 오토부동행

서래 달마조사 전한 무늬 없는 금인金印은
전함도 없고 받음도 없는 것
만약 전하고 받는 허물을 여의면
금오金烏와 토월兎月이 동행하지 않느니라.

36세에 봉암사鳳巖寺에서 보기천성保其天性 임성수연任性隨緣하던 중에 무심삼매無心三昧에 들어 삼칠일 동안 자고 먹는 일은 잊더니, 하루는 문 앞을 지나다가 홀연히 자신의 양손을 보고 대오大悟하여 게송을 읊었다.

忽見兩手全體活 홀연히 두 손 보니 전체全體가 활발구나
三世佛祖眼中花 삼세의 불조佛祖는 눈 속의 헛꽃일세
千經萬論是何物 천경千經과 만론萬論이 어디에 쓰는 물건인고?
從此佛祖總喪身 이를 좇아 불조佛祖가 모두 몸을 잃었도다.

40세에 선암사仙巖寺 조실祖室, 44세에 불국사佛國寺 주지住持, 48세 묘관음사妙觀音寺 길상선원吉祥禪院을 창건하고 무차대회無遮大會를 개설하였다. 1978년 67세 무오년 겨울 학인들의 용맹정진을 지도한 다음 미질微疾을 보이더니, 섣달 8일에 문도를 불러 모으고 이른다.

"생사生死의 일은 크고 몸은 마치 물거품과 같은데, 너희들의 공부工夫는 어떠한고? 나는 지금 떠나려 하노라."

한 뒤 임종게臨終偈를 읊고 입적入寂하였다. 세수는 67이고 법랍法臘은 50이다.

禪詩 第111目 未詳, 次第來

波長白鳥支離去	파장백조지리거
霧罷青山次第來	무파청산차제래

백조白鳥가 훠이훠이 날아가고

안개 걷힌 청산青山이 그 뒤에 드러나도다.

소해 素解

시취詩趣는 개오開悟와 활연대오豁然大悟를 가리켜 보였고, 풍격風格은 상지계제上之階梯이다.

앞 게偈의 작자는 미상未詳이다. 게偈의 내용에 경책警責이 무겁다.

"波長白鳥支離去"는 개오開悟의 경계를 가리키고, "霧罷青山次第來"는 대오大悟의 경지를 가리킨다. 누가 있어 삼세三細와 육추六麤를 일시에 돈제頓除하는가? 이즉돈오理卽頓悟나 사비돈제事非頓除가 분명하다.

말법에는 걸사乞士의 허망한 벽설僻說로 어른노릇 하고 혹 형광지견螢光知見이 생하면 선사禪師라 자처한다. 옛사람은 추효지견秋曉知見이 열려도 스스로를 낮추어 초심初心을 잃지 않고 적정경안寂靜輕安을 향했다. 咄!

禪詩 第112目 白巖性聰선사, 無一字

我有一卷經　아유일권경
不因紙墨成　불인지묵성
展開無一字　전개무일자
常放大光明　상방대광명

내게 한 권의 경經이 있나니
종이와 먹으로 엮은 것 아니거다.
펴면 한 글자도 없으나
항상하게 대광명大光明을 놓는다.

앞은 조선 전기 백암성총栢庵性聰선사의 적명송寂明頌으로 알려져 있다. 서산대사가 집성한 운수단가사雲水壇歌詞에 실려 있다. 무연無緣으로 상명常明하는 공적영지空寂靈知의 진실상眞實相을 가리켜 읊었다. 격의格義는 직지直指이며 풍격風格이 고명高明하다. 백암栢庵의 다른 게송을 본다.

空山靜夜道心淸　공산정야도심청
萬儡俱沈一明月　만뢰구침일명월
無限世間昏睡輩　무한세간혼수배
孰聆天外步虛聲　숙령천외보허성

빈 산 고요한 밤 도심道心은 청정淸淨하고
만 꼭두[妄]는 고요에 잠겨 달 밝구나.
드넓은 세상에 환몽幻夢에 취한 수많은 사람들
누가 있어 하늘 밖 허공虛空 밟는 소리를 들으랴.

禪詩 第113目　　臨終偈 圜悟克勤선사, 珍重

已徹無功	이철무공
不必留頌	불필유송
聊爾應緣	료이응연
珍重珍重	진중진중

아무 것도 이룬 것 없나니
게송偈頌 남김이 필요할 것가.
오직 인연因緣에 따를 뿐
모두들 잘 있게나.

만약 무생無生을 통해通解하면 사생死生을 잊을 수 있고, 무생無生을 지워 사생死生에서 벗어나면 무연지지無緣之知의 청정각명淸淨覺明으로 수연隨緣에 거처한다.

일생에 오고간 바라 허공에 그림그리기요, 나고 죽는 자취라 조운朝雲과 석하夕霞같도다. 부운浮雲의 출몰出沒에 무슨 무슨 까닭을 물으며 감상을 남길 것인가? 원오극근圜悟克勤선사가 육신을 벗고자 함에 문인이 임종게臨終偈를 남길 것을 청하매

> "자성自性에는 아무것도 없어 아무것도 남길 바 없거늘 게송偈頌이 무슨 소용인가! 이러히 인연을 따를 뿐이라네. 그대들은 부지런히 공부하시게. 모두들 잘 있게나."

하고 말을 남긴 것을 문인이 4자 4행의 게송으로 정리한 것이다.

청자聽者가 만약 "무거무래역무주無去無來亦無住"의 소식에 계합하였다면 그저 고개를 끄덕이리라.

禪詩 第114目　　臨終偈 大潙善果선사, 掀翻

要行便行	요행변행
要去便去	요거변거
撞破天關	당파천관
掀翻地軸	흔번지축

올 때 편안히 오고
갈 때 편안히 가노라.
허공을 쳐 뚫어 버리고
대지를 뒤집어 엎노라.

소해 素解

인생역정이란 모두가 저러히 와서 이러히 가는 것이다. 그때는 그러하고 지금은 이러하나. 이 가운데 변하지 않는 하나가 있나니 사람 사람의 본래성本來性이라 곧 진심眞心이다.

성性을 밝힌 이를 성聖이라 하고, 성性에 어두우면 범凡이라 한다. 성聖은 고요[大寂]하고 범凡은 소란騷亂스럽다. 누가 고요함[大寂]을 싫어하고 소란騷亂스러움을 좋아하는가?

흔번掀翻은 번쩍 들어 뒤집어엎는다는 뜻이다.

禪詩 第115目　　臨終偈 宏智正覺선사, 秋水

夢幻空花	몽환공화
六十七年	육십칠년
白鳥煙沒	백조연몰
秋水天連	추수천련

꿈같고 허공 꽃 같은
육십칠六十七 년年이라
흰 새 날아가고 물안개 걷히나니
가을 강물이 하늘에 닿았구나.

굉지정각宏智正覺선사는 묵조선默照禪의 비조鼻祖이다. 굉지宏智가 주장하는 묵조默照는 산란한 마음을 지워 삼매三昧에 들면 절로 공적영지空寂靈知가 드러난다는 것이다. 그러나 열근劣根들은 숙습宿習의 소란장애騷亂障礙가 없지 않아 낙공落空하기 쉬운 허물이 있다.

출전은 굉지선사광록宏智禪師廣錄이다. 굉지의 만년에 대혜종고 대혜종고大慧宗杲를 만나 말후구末後句를 벗었다.

禪詩 第116目　　臨終偈 萬松行秀선사, 莫錯

八十一年　팔십일년
只此一語　지차일어
珍重諸人　진중제인
切莫錯擧　절막착거

팔십일八十一 년年이라
다만 지금 이 한 마디 뿐일세.
여러분들 몸조심하고
부디 잘못 알지 마시게나.

지견知見의 경지에 형광螢光, 호등弧燈, 추효秋曉, 천망天網의 계위階位를 두는 것은 그 밝음이 같지 않기 때문이다. 비유컨대 이는 그믐밤을 지나 아침이 오기까지의 밝아지는 차례에 이름을 붙힌 것이다.

만송萬松의

"부디 잘못 알지 마시게나."

에 대자大慈가 서려 있다.

더러 약간의 소견所見이 생한 이가 스스로를 크게 여겨 증상만增上慢으로 일생을 중병重病에 거처는 이가 허다許多하다. 그 자신만이 망亡할 뿐 아니라 병균病菌을 퍼뜨리는 것이 더 큰 문제인 것이다.

禪詩 第117目 臨終偈 虎巖體淨선사, 笑去

請法多差失 청법다차실
問西還答東 문서환답동
今朝大笑去 금조대소거
楓岳衆香中 풍악중향중

청법請法에 쓸데없이 너무 많이 지껄였고
서西을 물으면 동東으로 답하였네.
오늘 아침 크게 웃고 떠나가나니
풍악산楓嶽山은 온갖 향기 그윽하구나.

소해 素解

학인이 청법請法하매 법法을 두어 명로明路를 가리키나, 말법 선사의 대개가 도추道樞만 보이다가 그치는 것이다.

이 옳음인가? 저 그르침인가? 청산靑山은 예대로 푸르다가 누래지나니. 풍악산楓嶽山에 호암虎巖선사가 있었다.

禪詩 第118目 臨終偈 退翁性徹선사, 罪業

生平欺狂男女群	생평기광남여군
彌天罪業過須彌	미천죄업과수미
浩陷阿鼻恨萬端	호함아비한만단
一輪吐紅掛碧山	일륜토홍괘벽산

한평생 미친 듯 사람들을 속였나니
그 죄업은 하늘에 넘치도다.
산 채로 지옥에 떨어질지니 그 한이 만 갈래라
한 덩이 붉은 해는 푸른 산에 걸려 있도다.

퇴옹退翁, 1912~1993은 총명예지聰明叡智와 집중執中이 높은 선객禪客이다. 선문정로禪門正路를 저술하였다. 논지 가운데 돈오돈수론頓悟頓修論의 설해에 약간의 의심스런 바가 보인다. 한때 퇴옹退翁의 문인이었다가 퇴속退俗한 박모 교수가 물었다.

"스님께서는 돈오돈수頓悟頓修하시고 돈오돈수頓悟頓修를 설하십니까?"

퇴옹退翁은 말이 없었다.

몇 년 뒤, 박모 교수가 또 물었다.

"규봉圭峰과 보조普照를 나무라셨는데 스님의 공부가 규봉圭峰과 보조普照를 능가하십니까?"

역시 퇴옹退翁은 말이 없었다.

禪詩 第119目　　碧山淸隱[雪岑] 上峻

夜蘭孤塔月徘徊	야란고탑월배회
人靜蓬窓風自開	인정봉창풍자개
胡蝶夢中雲縹緲	호접몽중운표묘
子規聲裡月崔嵬	자규성리월최외
一甁一鉢無心老	일병일발무심로
萬水千山得意回	만수천산득의회
自怪俗人渾不到	자괴속인혼부도
春風養却綠莓苔	춘풍양각녹매태

밤의 난간 외론 탑에 달이 떠돌고
인적 없는데 바람이 봉창을 여누나.
나비의 꿈속에서 구름은 아득하고[莊周의 胡蝶]
두견杜鵑이 노래소리에 달은 더욱 높아지누나.
물병 하나 발우 하나로 무심無心히 늙어가나니
만수와 천산을 떠돌다 무심無心을 알고서 돌아왔다네.
속인俗人들은 이런 경지 알지 못하나니
봄바람은 파아랗게 이끼를 키우누나.

설잠雪岑화상 벽산청은碧山淸隱이 설준화상雪峻和尙에게 견처見處를 드러내 보였다. 약 40~42세경의 시다.

물병 하나 발우 하나로 무심無心히 늙어가나니
만수와 천산을 떠돌다 무심無心을 알고서 돌아왔다네.
속인俗人들은 이런 경지 알지 못하나니
봄바람은 파아랗게 이끼를 키우누나.

김시습金時習, 1435~1493이 벽산청은碧山淸隱의 호號를 쓴 때가 견처見處가 밝아진 즈음으로 보인다.

41세에 법성게法性偈의 해설을 하였는데 선지禪旨가 밝다. 이때 설잠雪岑화상이 스스로 이르기를 "비로소 성지聖智에 합동했다."고 한다.

설잠雪岑화상이 자토自吐하여 무심無心에 거처한다고 한다. 속사俗士가 이 경지를 어찌 넘겨다보리오. 봄바람은 이끼를 파릇하게 키우고, 흰 구름은 무정無情으로 소요逍遙한다. 누가 있어 이 소식에 짝하랴! 소강절邵康節이 무정처無情處를 읊고서 "세속世俗에 이런 말이 전하지 아니한다."고 하였다.

禪詩 第120目 　　　　清寒子[雪岑], 山家

月明如畫山家夜	월명여화산가야
獨坐澄心萬慮空	독좌징심만려공
誰和無生歌一曲	수화무생가일곡
水聲長是雜松風	수성장시잡송풍

달은 밝아 그림 같은 산집의 이 밤
홀로 앉은 맑은 마음에 만사량萬思量이 공空할세라.
누가 있어 무생가無生歌 일곡一曲에 화답하는가
물소리가 길게 솔바람에 섞이누나.

무생가無生歌는 망심의 본무本無를 노래한 겁외가刧外歌이다. 선가귀감禪家龜鑑에 "不生者無能所也불생자무능소야"를 적지的指하였다. 불생자不生者는 있지 아니한 것을 가리킨다. 咄!

청한자淸寒子가 본무망심本無妄心에 계합契合한 소식이다.

청한자淸寒子가 고요히 앉으면 문득 삼매三昧에 들어 삼일三日 이상을 석상石像처럼 하기를 오래하더니 마침내 무생가無生歌를 토吐한 것이다. 게송偈頌을 지어 지지대사知止大師에게 올렸다.

제2행의 "獨坐澄心萬慮空"의 려慮자를 뢰籟, 노盧로 된 판본이 보이나 오자誤字이다. 뢰籟와 노盧는 뜻이 통하지 않는다. 려慮는 사량思量이다.

禪詩 第121目 清寒子[雪岑], 山居

杜鵑花落石欄干　　두견화락석난간
處處虛堂望眼寬　　처처허당망안관
盡日問花花不語　　진일문화화불어
半窓微雨看青山　　반창미우간청산

두견화杜鵑花꽃 피고 지는 돌난간이여
곳곳마다 내 집이라 보는 눈 넉넉하거이.
진종일 물어 봐도 꽃은 말이 없어
반쯤 열린 창으로 실비[微雨] 속의 청산을 본다네.

소해 素解

무구관산無垢觀山의 한 때이다. "半窓微雨看靑山"에 설잠雪岑의 공부가 택멸무위擇滅無爲를 지나 비택멸무위非擇滅無爲로 옮겨간 흔적이 보인다.

> "반쯤 열린 창窓으로 실비[微雨] 속의 청산靑山을 본다네[半窓微雨看靑山]."

함이 어떤 경계境界인가? 咄!

禪詩 第122目 學無生頌 浮休善修선사

獨坐深山萬事輕	독좌심산만사경
掩關終日學無生	엄관종일학무생
生涯點檢無餘物	생애점검무여물
一椀新茶一卷經	일완신차일권경

깊은 산 홀로 앉았으니 만사萬事가 가벼워
문 닫고 온 종일 무생無生을 배우네.
내 생애를 돌아보니 아무 것도 있지 않고
한 잔의 차와 한 권의 경전經典이 있다네.

"종일 무생無生을 배우네"에 통투묵좌通透默坐하는 상선선자上善禪者의 모습이 보인다. "사경事輕"의 '경輕'자에 망세忘世의 경竟이 묻어 있다. 이는 원각경圓覺經의 적정경안寂靜輕安의 경輕자와 통한다. 咄!

부휴선수浮休善修, 1543~1615가 일권경一卷經이라함은 참마음[眞心]을 가리킨다. 공부가 회광반조廻光返照에 익으면 절로 조이상적照而常寂하는 것이다.

허공지虛空地의 묘용妙用은 설두舌頭가 닿지 않는 자리이다. 미혹迷惑한 이가 설두를 들석거려 법을 말하고자하면 곧 미개구지착未開口之錯이 되고 만다.

부휴선수浮休善修는 부용영관芙蓉靈觀, 1485~1572의 문인이다. 청허휴정淸虛休靜, 1520~1604도 한 때, 부용영관에게 경經을 배웠으므로 23세 위의 청허淸虛는 부휴浮休의 사형師兄이다. 부휴浮休는 송광사松廣寺에 주로 주석하였다.

禪詩 第123目 開悟頌 青梅印悟,

大朴無形一大空	대박무형일대공
無聲無臭有無中	무성무취유무중
春風何處無花發	춘풍하처무화발
霜灑秋山葉自紅	상쇄추산엽자홍

큰 소박素樸은 모습 떠난 하나의 대공大空
소리도 냄새도 없으며 있고 없음을 떠남일세라.
봄바람 가는 곳 마다 꽃 없는 데 없나니
가을 산에 서리 내리면 잎사귀는 절로 붉느니라.

청매青梅선사가 "대박무형일대공大朴無形一大空"이라 하여 공리요달空理了達을 말한다. 무성무취無聲無臭는 중용中庸의 대관문大關門이다. 청매가 "무성무취無聲無臭"를 세우고 "있고[有] 없음[無]을 떠났어라."고 읊는다. 3·4구는 무위無爲를 노래한 것이다.

대저 개오음開悟吟은 천반야淺般若에 속한다. 개오開悟 이후에 심반야深般若를 터득해야 무사無事에 거닐 수 있는 것이다. 도생道生법사는 지혜를 상반야上般若와 하반야下般若로 가름했고, 남양혜충南陽慧忠대사는 천반야淺般若와 심반야深般若로써 설명했다. 이는 개오開悟 이후의 경지를 말한 것이다.

도생道生, 360경~434은 진晉나라 승려요, 속성은 축竺이다. 처음 축법태竺法汰에게 배웠고, 여산廬山에서 정토종淨土宗의 비조鼻祖인 혜원慧遠, 335~417과 7년을 지낸 다음, 장안長安으로 가서 구마라집鳩摩羅什의 문하에서 승조僧肇, 383~414와 함께 지혜를 드날렸다. 도생道生이 409년경 여산 동림사東林寺에서 강설한 요지要旨는

"헤아림[分別] 없이 이루는 행동과 노력은 업보業報를 남기지 않는다. 홀연한 깨침으로 득도得道에 이르며, 모든 유정有情은 불법을 이해하지 못하더라도 부처의 본성은 훼손되지 않고, 현재를 떠난 부처의 세계는 존재하지 않는다."

였다. 이러히 설하다가 혜원慧遠법사의 정토종淨土宗 무리에 의해 여산廬山에서 쫓겨났다. 도생의 법설法說이 높이 평가된 것은 7세기의 훌륭한 선승禪僧들에 의해서다. 그리고 〈대반열반경大般涅槃經〉이 한역漢譯되어 나온 뒤에 비로소 도생道生의 법설法說을 높음을 알아보았던 것이다.

도생道生의 설 가운데 상반야上般若와 하반야下般若의 판해判解가 교설의 백미白眉라 하겠다. 청매靑梅 개오송開悟頌은 천반야淺般若에 속한다.

禪詩 第124目 玄旨頌 香嚴智閑선사, 無的

去去無標的　거거무표적
來來只麽來　래래지마래
有人相借問　유인상차문
不語笑哈哈　불어소해해

가고 감에 흔적 없나니
올 때 또한 그러하다네.
만약 어떤 이가 묻는다면
말 않고 허허! 하며 웃겠노라.

해해哈哈는 기뻐 웃는 모양을 가리킨다. 향엄香嚴선사는 순금방[眞金鋪]의 인물이다. 중지상中之上의 선객禪客을 곧바로 상지하上之下의 경지에 이끌었다.

대선사大禪師의 점철성금點鐵成金의 마방磨方에는 진금포眞金鋪와 잡화포雜貨鋪가 있다. 그 내용과 기량技倆은 공부가 익어 "그 때"가 되어야 알 수 있다.

禪詩 第125目 大指頌 大慧宗杲선사, 堂堂

老漢纔生便著忙	노한재생변착망
周行七步似顚狂	주행칠보사전광
賺他無限癡男女	잠타무한치남녀
開眼堂堂入鑊湯	개안당당입확탕

이 노인네[釋迦] 나면서부터 수선을 떨어

마치 미친놈처럼 일곱 걸음 걸었네.

수많은 선남선녀 눈멀게 하고는

두 눈 뜨고 당당히 지옥으로 들어갔구나.

소해 素解

대혜종고大慧宗杲선사는 선문禪門의 일세종장一世宗丈이다. 선자禪者가 만약 대적무위大寂無爲의 소식에 합동合同하였다면 이 게송偈頌에 빙긋 웃으리라.

날 저물자 백로白鷺가 갈대숲으로 드는도다.

禪詩 第126目　逍遙頌 冶父道川선사, 潛身

多年石馬放毫光	다년석마방호광
鐵牛哮吼入長江	철우효후입장강
虛空一喝無蹤跡	허공일갈무종적
不覺潛身北斗藏	불각잠신북두장

여러 해 동안 석마石馬가 빛을 토하더니
철우鐵牛가 으르렁이며 장강長江으로 들어가네.
허공의 일할一喝이라 자취가 없나니
어느 사이 몸을 숨겨 북두北斗에 들었는가.

효후哮吼는 으르렁거림이니 당당堂堂한 모습이요, 북두北斗는 성인지聖人地를 가리킨다. 아래에 의해意解한다.

- 여러 해 선정禪定에 청정각명清淨覺明 토하더니
- 적조寂照가 환포幻泡를 지우고 모습을 감추누나.
- 허공의 일할一喝이라 자취가 없거니와
- 드밝고 모습 없이 큰 빛을 나투도다.

禪詩 第127目　　本然頌 蘇軾, 無別

盧山煙雨浙江湖　　여산연우절강호
未到千般恨不消　　미도천반한불소
到得還來無別事　　도득환래무별사
盧山煙雨浙江湖　　여산연우절강호

여산廬山의 안개비와 절강浙江의 호수湖水여
가보지 못했을 땐 천반千般의 한恨이었네
그 곳에 가 보자 별다른 것 없고
여산廬山의 안개비와 절강의 호수湖水라네.

각어覺語는 "性의 本態" "대적무위大寂無爲" "있는 그대로[本然]"를 적시摘示하는 것을 마룻대로 한다.

"廬山煙雨浙江湖"는 깨친 이후에도 다만 내[眞我]가 나[眞我]일 뿐 별다른 성해聖解가 없다는 음게吟偈이다. 어떤 선비가 해남도의 동파에게 "깨친 경계가 어떠한가?"하고 물음에 게송偈頌으로 답한 것이다.

이 게송에는 세속世俗의 영재穎才들이 문자文字로서 측해測解하여 아는 체하다가 악업惡業의 구렁텅이로 빠지는 일이 허다함을 지적하는 것이다. 각覺은 생각의 깊음과 굴림을 용납하지 않는다. 영재들은 학습學習된 측해測解로써 판단하는 버릇이 스스로를 어둡게 하는 것이다. 선禪의 지혜는 단순명료單純明了한 직지直指만을 요구하는 것이라 해두자.

禪詩 第128目 惺惺頌 蘇軾, 要妙

覽之不有 람지불유
却之不無 각지불무
忽之覺之 홀지각지
要妙如此 요묘여차

살펴봄에 있지 않고
물리쳐도 없지 않나니
[천도天道는] 홀연히 깨닫는 것
요긴한 묘리妙理는 이와 같나니라.

소해 素解

1097년 동파東坡 기세棄世 5년 전, 62세의 작이다. 대저 범부에게도 중묘衆妙는 온전히 갖춰져 있어 앞에 드러나지 않음이 없다.

다만 범부가 환몽幻夢 속에 있어 스스로 보지 못하는 것이다. 그 까닭을 통해通解하면 노정路程을 밝힌 것이라 동파의 성성송惺惺頌에 기대어 노력에 노력을 더하면 자성自性이 현전現前할 것이다. 이때의 노력은 함이 없는[無爲의] 노력이다.

禪詩 第129目 維摩上題頌 蘇軾, 十笏方丈

我觀維摩方丈室	아관유마방장실
能受九百萬菩薩	능수구백만보살
三萬二千師子座	삼만이천사자좌
皆悉容受不迫窄	개실용수불박착
又能分布一鉢飯	우능분포일발반
饜飽十方無量衆	염포시방무량중

내가 사방십척[四方十尺] 유마維摩의 방을 보나니
능히 구백만 보살菩薩을 수용하고
삼만 이천 사자좌師子座를 폄이라
다 다 들이고도 비좁지 아니토다.
또한 능히 한 발우鉢盂의 밥을 나누어
시방의 한량없는 중생衆生을 배불리도다.

소해 素解

동파東坡의 시홀방장十笏方丈은 유마경維摩經의 난해처難解處를 풀어 읊었다. 이 한 수로 동파의 지혜가 높음을 가늠할 수 있다.

유마경維摩經의 도추道樞는 천망지견天網知見으로도 통파通破하기 어렵다. 시홀방장十笏方丈은 천안天眼으로 적지的指한지라 측해測解가 닿지 아니한다. 생각을 굴리지 말지라! 咄!

禪詩 第130目　　漏洩頌 中觀海眼선사, 莫問

天地都盧一鏡明　　천지도로일경명
孰云生滅許多情　　숙운생멸허다정
莫問西來端的意　　막문서래단적의
春禽猶洩兩三聲　　춘금유설량삼성

하늘과 땅은 이 거울 속에 분명하거니
나고 죽음 말한 것은 그 누구인가?
서쪽에서 조사祖師 오신 뜻 묻지 말라
봄새가 지저귀며 이미 누설漏洩하고 있나니.

소해 素解

중관해안中觀海眼의 개오송開悟頌이다.

지도至道가 예부터 일상사日常事에 누설漏泄되고 있다고 한다. 어떻게 누설漏泄되고 있는가? 누설처漏泄處는 어디인가?

禪詩 第131目　　　無爲頌 詠月淸學선사,

此時應不識　차시응불식
今日正無生　금일정무생
欲識無爲道　욕식무위도
紛紛世上情　분분세상정

능히 보고 듣는 이때를 알지 못하누나
지금의 당처當處가 바로 무생無生이니라.
무위도無爲道를 알고자 하는가
울고 웃는 이 세상의 정情의 속이니라.

공부의 계제階梯에 지知·체體·계契·용用을 보이는 것은 적지소견的知所見으로부터 무위대용無爲大用에 이르는 길을 가리킴이요, 신信·해解·행行·증證은 공부길을 사분四分하여 설명한 것이다.

보살菩薩도 도심중생道心衆生이거니, 다만 지견知見을 추구하면 그림자와 묵은 때를 벗기기 어렵다. 지견知見과 경지가 밝아야 바른 공부에 선 것이다.

"무위도無爲道를 알고자 하는가. 울고 웃는 이 세상의 정情의 속이니라."

에 지도至道의 열쇠가 숨어 있다.

禪詩 第132目　　獨照頌 鞭羊彦機선사, 獨窺

柴門逈世擁千崟　　시문형세옹천음
林逕無人雪色深　　임경무인설색심
何物有情天上在　　하물유정천상재
夜來明月獨窺尋　　야래명월독규심

굳게 잠긴 사립문은 천 봉우리 끼고 앉아
인적 없는 숲길에는 흰 눈만 깊네.
정情은 어떤 물건이기에 허공에 소요하는지
밤 되면 밝은 달이 홀로 와서 엿보는구나.

편양鞭羊, 1581~1644화상이 박장원朴長遠, 1612~1671, 久堂에게 주는 시다. 박장원이 편양鞭羊을 만나 선禪을 물었다. 이에 달이 도심道心을 엿보는 소식을 가리켜 보인 것이다.

뒷날 박장원은 대사헌, 이조판서 등을 지냈다. 박장원은 어사御使 박문수朴文秀, 1671~1756의 부父이다. 편양鞭羊은 서산西山대사의 문인이다.

조선후기에는 오직 편양언기鞭羊彦機의 선맥禪脈 만이 가늘게 이어졌다. 밝은 달이 무엇을 어떻게 엿보는가? 呻!

禪詩 第133目　　一指頌 永明延壽선사, 欲識

欲識永明旨	욕지영명지
門前一池水	문전일지수
日照光明生	일조광명생
風來波浪起	풍래파랑기

영명永明의 뜻을 알고자 하거든
문 앞의 저 못을 보라.
해가 뜨면 빛나고
바람 불면 물결이 이니라.

영명永明선사는 당말唐末의 대선사大禪師로 선禪과 교敎를 통섭統攝하여 판설判說을 세웠으며, 역대 조사祖師와 선사禪師의 경지와 경의經義를 꿰뚫어 종경록宗鏡錄 100권, 심부心賦, 만선동귀집萬善同歸集 등을 지었다. 본지풍광本地風光을 간명히 읊었다.

영명연수永明延壽선사 이후에 영명永明이 없다고 한다. 무슨 뜻인가? 종경록宗鏡錄 100권, 심부心賦, 만선동귀집萬善同歸集을 모두 읽어 통한 뒤에 적연寂然히 알 수 있다.

禪詩 第134目 三夢頌 清虛休靜선사, 夢說客

主人夢說客 주인몽설객
客夢說主人 객몽설주인
今說二夢客 금설이몽객
亦是夢中人 역시몽중인

주인이 나그네에게 꿈 이야기하고
나그네도 주인에게 꿈 이야기하누나.
지금 꿈 이야기하고 있는 이 두 나그네
이 또한 꿈속의 사람들일세.

소해 素解

세속의 총명인聰明人들이 인생사人生事를 주고받으며 선악善惡과 시비是非를 가려 등차等差를 매기고 가치관價値觀과 사상思想을 들먹이며 한세상을 경영한다. 만약 그들 자신이 꿈 속에서 이 꿈과 저 꿈을 비교하며 다투는 것임을 알게 되면 마침내 다른 인생을 살게 될 것이다.

중용中庸에 "우이호자용愚而好自用 천이호자전淺而好自專"이라 했다. 어리석으면서 자기 견해를 무겁게 쓰고, 얕은 지식으로 세상의 어른 노릇한다는 뜻이다.

서산西山이 꿈 속 사람들을 깨우기 위해 한 소절 읊었다. 지난 오백년 동안에 이 게偈를 읽고도 꿈속에 사는 것을 부끄러워하는 자가 드물다.

禪詩 第135目 逍遙太能선사, 無影木

一株無影木　　일주무영목
移就火中栽　　이취화중재
不假三春雨　　불가삼춘우
紅花爛漫開　　홍화난만개

한 그루 그림자 없는 나무를
불[火宅] 가운데 옮겨 심나니
봄비가 적셔 주지 않아도
붉은 꽃 어지럽게 피나니라.

소해 素解

무영목無影木은 진심眞心의 이명異名이다. 소요태능(1562~1649)이 개오開悟하여 환희歡喜하는 음률音律을 담았다.

소요당逍遙堂은 전라도 담양에서 태어나서 부휴선수에게서 경經과 논論을 읽었다. 이후 서산에게서 3년의 담금질을 받아 개오開悟하여 개당開堂하였다. 세수는 87이다.

禪詩 第136目 風月頌 喚惺志安선사, 迎風

壁破南通北	벽파남통북
簷踈眼近天	첨소안근천
莫謂荒凉苦	막위황량고
迎風得月光	영풍득월광

벽 부수면 동서남북으로 통하나니
성근 처마 사이로 하늘이 가까울 저.
황량荒凉한 [세사世事의] 고통苦痛을 말 말지니
바람을 친親하여 달빛을 맞이하게나.

환성지안喚惺志安, 1664~1729선사의 계도송啓導頌이다. 문득 망심妄心이 지워져 진심眞心이 어렴풋이 드러나면 무심설無心說을 믿거나 알게 된다. 이 계위階位가 십신육위十信六位의 신불퇴信不退이다. 이로써 공부가 순일純一하여 적정寂靜이 익어가면 십주칠위十住七位의 주불퇴注不退의 위位가 가까워지는 것이다. 증불퇴證不退는 소위 견성見性의 위位이다. 증불퇴證不退는 여기서 설명하지 않는다.

대체로 상중하上中下의 인물을 막론하고 경經과 논論을 통해通解한 연후에 사교입선捨敎入禪할 수 있는 것인데, 교敎의 요목要目에 어두우면서 입선入禪하는 것은 월분과도越分過度이다.

“이 뭣고”를 들고 일념一念이 되기를 기다리기만 하면 무명無明의 문자文字를 든 것과 같다. 불조佛祖께서 말법의 수행자를 위해 몇 가지의 방편을 두어 염불문念佛門과 관조문觀照門 등의 방편문方便門을 두었는데 자기 분수를 돌아보지 않고 모두가 “無! 無!” 하며 참선參禪한다고 한다.

월분과도越分過度하여 상근上根의 흉내를 내면 신고身苦의 화禍를 입나니, 진실되이 스스로의 근기根機에 합당한 바른 방편方便을 찾아 힘써야 할 것이다.

화두話頭들고 십년을 좌선해도 산란심이 그치지 않으면 공부방법을 바꾸어 염불문念佛門에 드는 것이 지름길이 될 것이다. 대저 중근기中根器는 염불삼매문念佛三昧門이 좋은 방편이다.

명明의 지욱智旭대사는 염불보왕삼매론念佛寶王三昧論을 지었는데 중근中根의 인물들을 지름길로 인도한 것이다. 만약 산란심散亂心이 대략 지워졌다면 관심법觀心法에 나아갈 만 하다고 하겠다.

禪詩 第137目　法性偈 義湘대사

法性圓融無二相	법성원융무이상
諸法不動本來寂	제법부동본래적
無名無相絶一切	무명무상절일체
證智所知非餘境	증지소지비여경

법法과 성性이 원융하여 두 모양이 없나니
모든 법은 부동하여 본래부터 고요하도다.
이름도 없고 모양도 없어 일체를 여의었으니
깨친 이의 지혜라야 알바요 그 밖의 경계가 아니로다.

앞 게偈는 법성게法性偈의 처음이요, 법설의 요목要目이다. 법성게의 끝에 설한 수행의修行義는 "파식망상필부득叵息妄想必不得"즉 '망상妄想을 쉬지 않으면 도道를 깨치지 못하니라'이다. 망상妄想 쉬는 공부가 곧 청정문淸淨門이다.

법성게는 화엄도리華嚴道理를 집약한 명설名說이다. 화엄종주華嚴宗主 지엄智嚴대사의 수문인首門人에 의상義湘과 현수賢首가 있다. 뒷날 현수가 화엄론華嚴論을 집필하다가 의심나는 곳을 의상에게 물었다. 그 편지가 지금도 남아있다.

설잠화상雪岑和尙은 "法性圓融無二相 / 諸法不動本來寂 / 無名無相絶一切 / 證智所知非餘境. "네 마디가 법성게法性偈의 요목要目이라 한다.

禪詩 第138目　　清虛休靜선사, 未會

古佛未生前　고불미생전
凝然一相圓　응연일상원
釋迦猶未會　석가유미회
迦葉豈能傳　가섭기능전

옛 부처 나기 전에
응연하게 한 모양[一相圓]이 두렷하였네.
석가釋迦 부처도 알지 못하거늘
가섭迦葉이 어찌 전하리오.

소해 素解

선가귀감禪家龜鑑의 처음에 이 게송偈頌이 있다. 본구자족本具自足과 무성무취無聲無臭와 무형무적無形無迹과 부증불감不增不減과 불생불멸不生不滅의 도리를 일상원一相圓으로 직지直指하였다.

더하여 "도불속지부지道不屬知不知"의 명지明旨를 담았다. 선가귀감禪家龜鑑에만 이 게송偈頌이 보이므로 청허淸虛선사의 작이라 보아야 할 것이다. 시의 지취旨趣와 풍격風格이 상쾌爽快하다.

禪詩 第139目 雪竇重顯선사, 常顯

牛頭沒焉馬頭回	우두몰언마두회
曹溪鏡裏絶塵埃	조계경리절진애
打鼓看來君不見	타고간래군불견
百花春至爲誰開	백화춘지위수개

소대가리로 사라졌다 말대가리로 돌아오나니
조계曹溪의 거울이라 한 티끌조차 없다네.
잘 보라고 북을 두드려도 그대 보지 못하나니
봄의 백화百花는 누구를 위해 피는 것인가.

우두몰마두회牛頭沒馬頭回라, 억겁億劫이 곧 찰나刹那요, 윤회輪回 속에 보리菩提가 피어나고, 번뇌煩惱 뒤쳐 반조反照하면 적멸락寂滅樂이 허공에 가득하나니, 이리도 저리도 진성眞性이 현현顯現하도다.

설두중현雪竇重顯, 980~1052이 화두話頭를 엄선하여 송고백칙頌古百則을 엮었다. 송고백칙에 평창評唱 등과 췌언贅言의 살을 덧댄 것이 원오극근圓悟克勤, 1063~1135의 벽암록碧巖錄이다. 벽암록을 읽어 외우고는 선禪을 말하는 무리들이 진실은 없고 요설饒舌만 난무한다하여 대혜종고大慧宗杲, 1089~1163가 책판과 책을 불살랐다.

생각건대 송고백칙頌古百則이야말로 선문禪門의 지남指南 중의 하나이다.

규봉종밀圭峰宗密, 780~841은 승묘경계勝妙竟界라야 돈오돈수頓悟頓修의 경지라 하였다. 승묘경계勝妙竟界란 일체 생각이 끊어지고 앞 뒤 경계가 없어짐에 부지不知간에 시공時空을 초월한 무심無心의 경지이다. 이 한 세상에 이러한 경지에 거처하는 이는 누구인가?

설두중현雪竇重顯이 뒷사람 가운데 승묘경계勝妙竟界의 인물이 나타나기를 기대하며 송고백칙頌古百則을 엮은 것이라 하겠다.

禪詩 第140目　　雪竇重顯, 無法

三界無法	삼계무법
何處求心	하처구심
白雲爲蓋	백운위개
流泉作琴	유천작금
一曲兩曲無人會	일곡양곡무인회
雨過夜塘秋水深	우과야당추수심

삼계三界에 한 법도 없거늘
어느 곳에서 마음을 찾겠는가.
흰 구름으로 이불 삼나니
흐르는 물이 거문고 곡조曲調를 짓누나.
한 곡조 두 곡조 [천지天地에 울리나] 아는 이 없나니
밤비 내린 못에 가을 물 깊어지누나.

법法 구하는 자는 악도惡道에 떨어지고, 법 없다 말하는 자는 무명無明에 갇힌다.

삼계三界는 본무일법本無一法이다. 진실한 법은 이러니 저러니에 속하지 않는고로 언설言說 밖에 두렷하다.

禪詩 第141目 信心銘 僧璨대사

至道無難 지도무난
唯嫌揀擇 유혐간택
但莫憎愛 단막증애
洞然明白 통연명백

지도至道는 어려울 것 없나니
오직 간택심揀擇心만 버릴 뿐
다만 미워하고 사랑함을 지우면
통연洞然하여 명백히 성性이 드러나니라.

숙세宿世의 상근기上根幾는 승찬僧璨대사의 말씀으로 통해通解가 족하고 대관문을 쉬이 뚫을 것이다.

승찬대사는 척불斥佛시대에 오신지라 다만 신심명信心銘을 남기고 다음에 조주趙州 땅에 종심從諗화상으로 다시 와서 법을 펼 것을 임종게臨終偈로써 예언하였다. 한 줄의 말을 옮기면 아래와 같다.

"조趙 땅에 와서 이름을 종심從諗으로 하여 법法을 펼 것이다."

禪詩 第142目 元曉大師

心生卽種種法生	심생즉종종법생
心滅卽龕墳不二	심멸즉감분불이
三界唯心萬法唯識	삼계유심만법유식
心外無法胡用別求	심외무법호용별구

마음[妄心]이 일어나니 온갖 법法이 일어나고

마음[妄心]이 멸滅하니 감실과 무덤이 다르지 않네.

삼계가 오직 마음이요, 만법은 오직 식識이라

마음[眞心] 밖에 법이 없거늘, 어찌 중국 가서 법을 구하려 하리오.

진여문眞如門과 생멸문生滅門을 지우고 일심一心에 거처함이 무념無念이요, 무주無住이다. 원효대사元曉大師는 물 한바가지를 마시고 대도大道를 투득하였다. 게偈는 경經의 말씀으로 복명復鳴하였다.

원효대사元曉大師는 시詩의 기교技巧를 싫어하여 법화경法華經 사구게四句偈와 유마경維摩經의 불이소식不二消息과 유식정론唯識定論의 언어言語로 오도송悟道頌을 읊은 것이다.

원효대사元曉大師의 직어直語에

"무리지지리無理之至理 불연지대연不然之大然"

이 있다. '이치 없음의 지극한 이치요, 그렇지 아니함의 크게 그러함'의 뜻이다. 누가 있어 불법佛法의 이치를 묻는가?

禪詩 第143目 指路頌 林公遇거사, 無心處

此事何須向人說	차사하수향인설
有耳如聾眞秘訣	유이여농진비결
此事何須向人語	차사하수향인어
有口如瘖眞活句	유구여음진활구
只在目前無尋處	지재목전무심처
要尋只在無心處	요심지재무심처

이 일을 남에게 말해 무엇 하랴.
귀로 듣지 못함이라 참 비결祕訣일세.
이 일을 남에게 말해 무엇 하랴.
입으로 말하지 못함이라 참 활구活句일세.
눈앞에 나타나 있으니 찾을 것 없고
찾으려 하는가? 다만 무심처無心處에 있나니라.

남송南宋의 한재寒齋 임공우林公遇, 1205~1270경는 고명高明한 선비이다. 임희일林希逸이 임공우에게 도道를 물음에 이 시詩를 주었다.

이 시가 어찌 임희일에게 만이 약藥이 되랴. 임희일의 저서著書에 노자해老子解가 있다. 노자석해老子釋解를 지은 인물이 지난 이천 년 동안에 약 이천 여명이 된다. 그 가운데 감산憨山의 해解가 뛰어나다.

왕필王弼의 해解는 노자老子의 문門 앞에서 서성이고, 하안何晏의 해解는 엉뚱한 제목과 해설이 대부분이다. 그 밖의 석해釋解는 횡설수설橫說竪說이라 하겠다.

禪詩 第144目　　指路頌 王陽明

無善無惡心之體	무선무악심지체
有善有惡意之動	유선유악의지동
至善至惡是良知	지선지악시양지
爲善去惡是格物	위선거악시격물

선善도 없고 악惡도 없음이 마음[眞心]의 체體요,
선善이 있고 악惡도 있음은 [범부凡夫] 뜻의 움직임일세.
지선지악至善至惡의 [당체當體가] 양지良知요,
지선至善에 거처하고 악惡을 그침이 격물格物이니라.

이 시詩의 종의宗意는 선善을 생각하지 않고, 악惡도 놓아버린 경지境地를 가리킨다. 선善과 악惡을 함께 놓아버림이란 어떤 경계인가? 아무 생각이 없이 생각하는 경계를 이르는 것이다. 아무 생각도 없는 경계, 이러한 때에 능히 보고 듣고 말하며, 오고 가고, 앉고 서는 자기自己를 발견하게 되면, 그 때에 세상의 안팎에 광명光明하며 소요逍遙하는 자기自己를 보게 되는 것이다.

왕양명王陽明은 전세前世에 금산사金山寺의 조실祖室이던 금산대사金山大師이다. 지금도 금산사에 육신이 보존되어 있다. 양명학陽明學의 묘의妙意는 양지良知 한마디에 있으며 양지良知를 밝히면 곧 성지聖旨에 통한다. 양지良知란 사람의 진심眞心이다. 진심眞心은 모름지기 정환情幻이 쉬면 나타난다.

공자孔子는 절사絶四를 말했다. 사四란 무의無意 무아無我 무고無固 무필無必이다. 이 중의 핵심은 무의無意이다. 무의無意를 자득自得하면 무아無我에 절로 계합하고, 무고無固 무필無必은 절로 따른다. 그러기에 공자가 사무사思無邪를 말한 것이다.

마음공부란 모름지기 자신의 영지靈知 즉 양지良知를 밝힌 연후라야 정인正人의 문門에 들고 성誠을 맛보며, 지성至誠을 향해 공부할 수 있는 것이다. 자증自證이 있고 성성惺惺이 익기 전에 논설論說하는 것은 병病을 더할 뿐이다.

양지良知를 밝힌 연후라야 동용주선動容周旋에 양지良知로써 행行할 수 있는 것이다. 시詩의 말구末句에 격물格物을 둔 것은 유가儒家의 지견관문知見關門이기 때문이다. 유문儒門에 격물格物의 해설이 십 여종 보이나 격格은 '없애다', 물物은 망념妄念으로 읽어야 공자孔子의 뜻에 부합符合한다. 고로 격물格物은 무심無心의 뜻이다. 무심無心으로 대용大用하는 것을 지선至善이라 이름한다. 양명陽明은 지선至善과 악惡으로 풀었다.

禪詩 第145目　　逍遙頌 未詳, 無求

臨溪濯我足　임계탁아족
看山淸我目　간산청아목
不夢閑榮辱　불몽한영욕
此外更無求　차외갱무구

시냇물에 발을 씻고
청목淸目으로 산을 바라보네.
환幻이 없어 영榮과 욕辱에 한가롭거니
이 밖에 다시 그 무엇을 구하랴.

풍격風格이 닮은 소요송逍遙頌을 본다.

清溪濯我足 청계清溪에 발 씻고
去空無心兮 공空을 지우매 마음 없어라.
無夢忘榮辱 몽환夢幻 없어 영욕에 한가하거니
睡外更無事 [한거閑居하여] 조는 것 밖에 다시 일 없노라.

두 게송偈頌이 소요인逍遙人의 풍취風趣라 하겠다.

禪詩 第146目 指路頌 蘇東坡

若言琴上有琴聲	약언금상유금성
放在匣中何不鳴	방재갑중하불명
若言聲在指頭上	약언성재지두상
何不于君指上聽	하불우군지상청

만약 거문고 소리가 거문고 위에서 난다면
그대로 두면 어찌해 거문고 위에서 소리가 나지 않는가?
만약 거문고 소리가 손가락 위에서 난다면
어찌하여 그대는 손가락 위에서 듣지 않는가?

성性의 진체眞諦는 "청어무성聽於無聲 시어무형視於無形"이다. 성性은 소리 없고 모습 없지만 시절時節의 인연因緣에 어긋나지 않게 소리와 모습을 나툰다. 그 나툼은 무위無爲의 나툼이다. 성性은 목전目前에 나타나 있으나 범부가 분별分別에 착着하여 보지 못하는 것이다.

공자孔子가 "성즉명誠則明 명즉성明則誠"이라 하였다. 풀면 '성성惺惺하면 밝고, 밝으면 성성惺惺하다'이다. 성誠은 무의無意로 성성惺惺함의 뜻이다.

소동파蘇東坡가 눈과 귀가 보고 듣는 것이 아니라 성性이 보고 들음을 시詩로써 설명한 것이다. 그러므로 보고 듣는 때에 보고 듣는 자리를 회광반조廻光返照하여 알아 마치면 곧 본래의 나를 회복回復한 것이다. 능엄경楞嚴經에서 반문문성反聞聞聲을 설명하는 것과 다르지 아니하다.

소동파의 이 시로부터 도학道學의 설리시說理詩가 시작된 것이다.

禪詩 第147目　　木蘭柴 王維, 閑居

秋山斂餘照　추산렴여조
飛鳥逐前侶　비조축전려
彩翠時分明　채취시분명
夕嵐無處所　석람무처소

가을 산은 남은 빛을 거두고
나는 새, 짝을 지어 돌아가네.
푸른 햇살에 빛나던 산 빛
저녁 어스름에 사라지누나.

목란시木蘭柴는 목란 울짱이다. 노성老成한 시인의 청안淸眼을 본다. 애쓰지 않아도 시심詩心이 흘러나오며 지우지 않았어도 정념情念이 보이지 않는다.

한 때 한 폭의 살아있는 천연天然의 그림이라, 마힐선생摩詰先生 왕유王維의 한거閑居를 보았다고 하겠다.

禪詩 第148目 自適吟 成守琛

坡山之下	파산지하
可以休沐	가이휴목
古澗淸冷	고간청랭
我纓斯濯	아영사탁
飮之食之	음지식지
無喜無憂	무희무우
奧乎玆山	오호자산
孰從我遊	숙종아유

파산坡山 아래 우거寓居할세라
가可히 휴헐休歇하며 머리 감을 만 하이
고간古澗이 청랭淸冷하나니
내 갓끈을 이러히 씻노라.
목마르면 물마시고, 배고프면 밥 먹나니
기쁨도 없고, 근심도 없을세라.
깊도다. 이 산山이여!
누가 있어 나를 따라 자적自適할 것가?

청송聽松 성수침成守琛, 1493~1584은 젊어서 과시科試를 포기하고 지경持敬공부에 젖었다. 유가儒家의 지경持敬은 불가佛家의 관심법觀心法과 비슷하다. 논어의 "歲寒然後 知松柏之後凋"의 뜻을 취한 것이다. 이 말의 적의的意는 깨친 연후에 성인聖人의 경지를 안다는 의미이다. 청송은 백악白嶽의 산풍山風과 백운白雲을 벗 삼고 선가禪家에 기대어 홀로 공부했는데 60세가 되어 추효지견秋曉知見이 열려 위 시를 읊었다. 당세의 거유巨儒 13선비에게 시를 보냈는데 그 중 남명南冥과 율곡栗谷만이 청송이 개오開悟하였음을 알아보았다.

앞 시의 백미는 "飮之食之 無喜無憂"이다. 이후 청송의 공부가 소요문逍遙門에 이르러 시조時調 태평가太平歌를 읊었다.

이리도 태평성대太平聖代 저리도 성대태평盛代太平
요지일월堯之日月이오 순지건곤舜之乾坤이로다.
우리도 태평성대太平盛代에 놀고 가려하노라.

禪詩 第149目 見得吟 曹植

(…전략…)
人爹以困窮爲憫　인다이곤궁위민
余則困是爲通　여칙곤시위통
屢屈科第　누굴과제
因困求亨　인곤구형
而尋得路　이심득로
向這邊去　향저변거
見得本地風光　견득본지풍광
聞得父兄謦咳　문득부형경해
飢而食　기이식
憂而樂　우이락
吾窮　오궁
[有]可而換　[유]가이환
世人之通乎　세인지통호

사람들은 곤궁을 근심하지만,
나에게는 곤궁이 통달通達이 되었네.
여러 번 과거에 낙방落榜하여
곤궁을 인하여 형통亨通을 구하다가
가야할 길을 찾게 되었네.
공부工夫 길을 가다가

본지풍광本地風光을 보았고,
부형父兄의 기침소리를 들었노라.
주리다가 먹게 되었고
나의 곤궁을
어찌 바꾸리오!
세인의 통달通達과.

앞은 남명南冥 조식曺植이 32세에 대학책갑大學冊甲에 적은 것이다. 본지풍광本地風光은 공적영지空寂靈知의 선학禪學적 표현이니 곧 성性의 천연天然이란 의미이다. "부형父兄의 기침소리를 들었노라."는 정情을 잊고 성性으로 들었다는 뜻이라, 성지性旨에 미혹한 이는 적해的解가 어렵다. 또,

근심타가 즐거움을 얻었으니
나의 곤궁困窮을 어찌 바꾸리오!
세인世人의 통달通達과.

라 하였다. 조식의 당세는 불법佛法과 노장老莊을 드러내놓고 공부하기 어렵고, 유자儒者들 중에 공자孔子의 본지本旨를 얻은 이도 볼 수 없었다. 이황李滉과 기대승奇大升의 4·7논변이 있으나 실지實地는 없고 정주程朱의 말을 빌려 추측하며 논쟁했을 따름이다. 소위 유자儒者들은 다만 성리설性理說을 학습하여 외우고 시詩와 문장文章에 능하면 달재대유達才大儒로 여기는 세상이었다.

조식曺植의 앞 세월에 괴애乖崖 김수온金守溫이 견처見處가 열리고 종신終身에 좌탈坐脫하였으나 남긴 성지性旨의 문자가 없고 다만 성균관의 생도에게 "맹자견양혜왕孟子見梁惠王"의 문제를 낸 기록이 있다. 이는 "현자이후賢者以後 견락홍안미록見樂鴻雁麋鹿"의 경지를 말하라는 것이다. 백악산白岳山에 있던 김시습이 "어

행수탁조비모락魚行水濁鳥飛毛落"이라 답함에 김수온이 "탁재卓才 탁재卓才라!"하였다.

"맹자견양혜왕孟子見梁惠王"은 중용中庸의 "연비여천어약우연鳶飛戾天魚躍于淵"의 경계에 통하는 구절이다. 이는 성지聖旨로써 대무심지大無心地의 대용大用을 뜻한다. "연비여천어약우연鳶飛戾天魚躍于淵"은 상유上儒들이 나아가 합동하고자 하는 목표이다. 자질구레한 설명은 생략한다.

김수온은 함허득통涵虛得通선사의 문인이다. 그리고 청한자淸寒子 김시습이 법성게法性偈의 서序와 해설 그리고 개오송開悟頌 소요음逍遙吟 등을 남겼으나 당시에 수습되지 않아 그의 진면을 아는 이가 없었다.

남명의 벗 청송聽松 성수침成守琛, 대곡大谷 성운成運, 1497~1579과 송계松溪 신계성申季誠만이 수사선도守死善道하여 지경持敬에 전일全一하는 고사高士였을 뿐이었다.

성수침은 회갑回甲 즈음에 견처見處가 생하였고, 성운은 일생에 정좌靜坐하여 삼매三昧에 젖기를 좋아하여 간혜乾慧가 있었으며, 신계성은 평생을 정좌靜坐하여 밤을 새웠는데 만년에 견처見處가 생하여 고확顧確을 말했다. 고顧는 반조顧, 확確은 정견正見의 뜻이다.

禪詩 第150目　　　　神明舍銘[抽抄] 曺植

還歸一	환귀일
尸而淵	시이연
國無二君	국무이군
心無二主	심무이주
閑邪存	한사존
修辭立	수사립
求精一[兮]	구정일[혜]
由敬入[誠]	유경입[성]
心聲如響	심성여향
其跡如印	기적여인

본래本來의 하나로 돌아가나니
시동尸童 같고 연못[淵泉] 같도다.
나라에는 두 임금이 없으며
마음에 두 주인[二性]이 없나니.
잡념雜念을 쉬어 도심道心을 보존하면
공지孔旨를 통해通解하여 끝게 서리니
[[반지反之에] 정일精一을 구해
경敬에 순숙純熟해야 [성誠에]드니라.
심성心聲은 메아리와 같고
그 자취는 인장印章같이 뚜렷하니라.

남명이 성性은 적연부동寂然不動이라 하고 성性은 하나일 뿐 본연지성本然之性과 기질지성氣質之性이라 하는 것은 미혹한 말이라 한다. 이는 정주를 멀리하고 공지孔旨와 합동하는 명銘이다. "심무이주心無二主"가 일심을 말하는 것이다. "유경입[성]由敬入[誠]"은 심학의 유일한 노정路程이요, "심성心聲과 기적其跡"은 성정일여性情一如를 가리킨다. 신명사명神明舍銘은 추효지견秋曉知見의 견처이다. 아래에 〈신명사명神明舍銘 추고抽顧 벽치의해碧峙義解〉를 둔다.

- 본래의 성性을 회복하면
- 항상히 적연부동寂然不動이로세
- 성[性, 道心]은 다른 일을 두지 않으며
- 당장의 이 마음이 곧 도심道心이니라
- 정[情, 邪]을 쉬면 곧 성[道心]이라
- 성인聖人의 말을 곧게 알아 서나니
- 정일精一을 구해
- 오직 경敬으로 성誠에 든다네.
- 심성心聲은 그 가운데 드러나고
- 그 사事라, 분명하고 분명하여라.

유가儒家에서 이르는 성誠은 불가佛家의 성성惺惺과 같은 뜻이다. 성성惺惺은 대적大寂의 성성惺惺이다. 남명南冥은 선조宣祖 앞에서

"불가佛家의 상달上達한 곳은 우리 유가儒家와 같습니다."

라 하였다. 남명南冥의 견처見處가 어둡지 않음을 드러낸 말이다.

禪詩 第151目 工夫的偈 盧守愼

只見陰陽一 지견음양일
那知理氣岐 나지이기기
先儒憂欲辨 선유우욕변
後學執爲辭 후학집위사
夢說縱橫合 몽설종횡합
覩場展轉離 도장전전리
應將三日別 응장삼일별
倏破百年疑 숙파백년의

다만 음양陰陽이 한 몸인 것을 보면
어찌 이기理氣가 갈라졌다고 하랴!
선유[程朱]가 근심 속에서 변별했는데
후학[李滉]이 이기理氣에 집착하여 말을 짓고 짓네.
잠꼬대하듯 종縱과 횡橫을 나누고 또 합하다가
장전場展의 굿구경을 키작아 보지 못하고 떠나간 듯하다네
[그대는] 응당 따로이 삼일三日의 반조返照공부에 힘써
일생의 의단疑團을 홀연히 깨트리게나!

소재穌齋 노수신盧守愼이 만년에 박아무개에게 주는 공부적게工夫的偈이다. 소재穌齋는 성리설性理說을 치설痴說이라 보았다. 그리고 성리설이 궁구하고 주장하는 논리를 나무라며 성리설에 취해서는 깨칠 수 없음을 곳곳에서 말한다.

소재 60세에 조선 최초의 양명학자 동강東岡 남언경南彦經에게,

> "소위 성정性情, 도덕道德, 체용體用, 동정動靜의 구별區別은 이 마음[一心]을 형용하여 설명하는 말에 불과不過한 것이다[所謂 性情 道德 體用 動靜 等字는 不過爲形容 此心之語니라]."

라 하였다.

이로부터 이황 및 주자학도들의 심한 비난을 받는다. 유가儒家의 상문上門은 인심도심설人心道心說을 기초로 하여 공지孔旨인 사무사思無邪, 무사무위無思無爲와 적연부동설寂然不動說이 종요宗要이다. 대개 유자들 중에 일심一心을 자증自證한 이가 드물어 공자의 본지本旨를 외면하게 된 것이다. 공자의 본지本旨는 다만 일심一心이요, 일심一心의 내용은 성性일 뿐이다. 소재穌齋가 덕혜술지德慧術智의 환몽幻夢을 버리고 삼일三日의 반조삼매反照三昧에 들어 의단疑團을 깨뜨리고 성性을 회복하라고 한다.

시취는 후생後生을 깨운다. 노수신盧守愼의 공부적게工夫的偈 처음에,

"다만 음양陰陽이 한 몸인 것을 보면 어찌 이기理氣가 갈라졌다고 하랴!"

라고 하였다.

정이程頤가 본연지성本然之性과 기질지성氣質之性이라 하여 이성二性을 주장하고, 주희가 이성二性에 기반하여 이발已發과 기발氣發의 주장을 곁들여 이기설理氣說을 세우고는 성리설性理說이라 하였다. 정주설程朱說을 치설痴說로 본 노수신盧守愼이 음양陰陽이 한 몸이라 하여 일성一性을 가리켰고, 이기理氣가 둘이 아니라 하여 공자孔子의 체용설體用說이 곧 성설性說이라 한 것이다. 이는 정이程頤와 주희朱熹가 자득自得의 견처見處 없이 주장하였다고 힐난詰難한 것이다.

정주程朱가 엉터리면 그를 따르는 이황李滉과 그 학파學派도 엉터리인 것이다. 엉터리 도설道說을 엉터리라 말하기 어려운 시절에 노수신이 음게吟偈를 통해 설판說辨하였다. 각覺을 목표로 하지 않는 구이지학口耳之學의 병유病儒들을 나무라며 명성明性의 길을 가리켰다.

禪詩 第152目　　　　　　　蘇齋 盧守愼

浪詆虛無寂滅妄　　낭저허무적멸망
自迷眞實本源淸　　자미진실본원청
幾時遺了閑言語　　기시유료한언어
解反吾身養性情　　해반오신양성정

[노불老佛을] 허무虛無와 적멸寂滅의 망학妄學이라 욕하지만
진실한 본원청정本源淸淨 성성惺惺에 거처하려나.
어느 때에 술지術智의 언어문자를 버리고
자기를 밝히어 성性의 성성惺惺에 거처하려나.

이 시는 정이程頤와 주희朱熹와 이황李滉의 성리변설性理辨說을 걱정하며 나무란 것이다.

성리설性理說은 유사심학類似心學이다. 소재穌齋가 이르기를,

"노자老子의 불언무위不言無爲, 곡신불사谷神不死, 절성기지絶聖棄智 등의 설說과 불가佛家의 무위법無爲法, 청정각명설淸淨覺明說, 견성성불설見性成佛說이 고명高明하다."

고 한다. 소위 주자학朱子學의 세상에서 이러히 비평하는 것은 소재의 공부에 실지實地가 있지 않으면 할 수 없는 말이다.

본원청정本源淸淨이란 성性의 내용이다. 깬 이의 분상에는 정情도 성性이지만 필부의 정情은 망령된 견해일 뿐이다. 맹자孟子가 진심장盡心章에 이를 설명했으나 아는 이가 드물디 드물다.

禪詩 第153目　　法岑頌 穌齋 盧守愼

山河大地法王身　　산하대지법왕신
已近誰能辯亂眞　　이근수능변난진
辨得眞時方洞豁　　변득진시방통활
人間終是讀書人　　인간종시독서인

산하대지가 법왕法王의 몸이거늘
이미 가까운데, 누가 어지러이 진眞을 말하는가?
진眞을 변득辨得할 때 바야흐로 활연통달豁然洞達한다하나
[변득자辨得者는] 인간세상의 독서인에 불과할세라.

소재穌齋가 "산하대지법왕신山河大地法王身"이라 한다. 이 구절은 소재의 견처見處가 밝아진 후, 나옹懶翁선사의 게송偈頌에 기대어 읊었다. 소재가 불경佛經과 선서禪書를 읽고 득의得意한 흔적이 여러 곳에 보인다. 자증自證을 바탕하여 속사俗士들의 공부길을 지적하여 나무랐다. 또 읊는다.

山河大地百千花　산하대지백천화
盡在尋常百姓家　진재심상백성가
可笑舊都安處士　가소구도안처사
自知其性有增加　자지기성유증가

산하대지山河大地의 백 천 가지 꽃이라
모두가 백성의 도심道心 가운데 피고 지거늘
우습구나, 옛 도읍의 안처사[安慶昌]여!
성性의 닦음에 노력을 더해야 하는 줄 아는구나.

소재穌齋가 삼라森羅와 만상萬象이 백성 개개箇箇의 도심道心 속의 그림자라 한다. 그리고 공부가 있다고 자처하는 개성의 안처사에게 마음공부가 노력으로 공功을 쌓아 이루는 것이 아니라고 한다. 공부는 다만 각覺으로 밝아지는 것이라 한 것이다.

임제臨濟선사가 "닦아서 도道를 이룬다고 하면 도道와는 멀어

진나."고 한 말씀과 적통的通한다. 소재穌齋의 공부가 성성惺惺에 입문入門하여 무주無住에 약간씩 익어간다고 하겠다.

禪詩 第154目　　　　悟道頌 李珥

魚躍鳶飛上下同	어약연비상하동
這般非色亦非空	저반비색역비공
等閒一笑看身世	등문일소간신세
獨立斜陽萬木中	독립사양만목중

고기 뛰고 소리개 날아 위와 아래가 하나
저것은 색色도 아니고 공空도 아니거라.
등문히 일소一笑하고 신세身世 보나니
석양夕陽 빗긴 숲속에 홀로 있구나.

앞은 율곡栗谷 이이李珥가 19세에 금강산에서 능엄경楞嚴經을 천독千讀하다가 견성見性한 후, 노승老僧과 대화[法去來]하다가 읊은 게송偈頌이다.

"어약연비魚躍鳶飛"는 중용中庸의 난해처難解處요, 정지견正知見이 열린 연후에 알 수 있는 도심견처道心見處이다. 율곡은 "어약연비魚躍鳶飛"를 일러 색色도 아니고 공空도 아닌 소식이라 한다. 색色과 공空이란 개념이 성性을 설명하기 위한 도구라는 것이다. 율곡의 게구偈句 "색色도 아니고 공空도 아니거라.[非色亦非空]"는

성性을 통투通透한 경지의 활발한 견처見處라 하겠다.

어찌하여 석양夕陽 빗긴 숲속에 홀로 있는가? 가 아니고 그냥 있는 바, 그 때가 석양夕陽 속이라는 것이다. 여기에는 왜?가 없다. 선악시비善惡是非와 어떤 논리論理의 문자文字도 닿지 아니한다. 이러한 인물이라야 성지聖智와 적통的通하는 고사高士이다.

禪詩 第155目 出山詩 李珥

東西分袂問幾年	동서분몌문기년
欲陳心思意茫然	욕진심사의망연
前身定是金時習	전신정시김시습
今世仍爲賈浪仙	금세잉위가랑선
山鳥一聲春雨後	산조일성춘우후
水村千里夕陽邊	수촌천리석양변
相逢相別渾無勞	상봉상별혼무로
回首浮雲照碧天	회수부운조벽천

서로가 헤어진 지 몇 해 런가?
말을 하자하니 아득하여라.
전세前世에는 김시습金時習이더니
금세에는 가랑선賈浪仙을 따르누나.
봄비 개인 뒤 산새가 우지지고
물 흐르는 마을, 석양이 저만치 섰구나.
만나고 헤어짐은 가지런해 애쓸 바 밖일세.
머리 들어 뜬 구름을 벽천碧天에 비춰 보게나!

앞의 시는 20세의 이이李珥가 개오開悟 후, 전세의 벗, 진사 심장원沈長源, 1531~1607에게 보낸 시이다. 가랑선賈浪仙은 중[僧侶]이었다가 속퇴俗退한 가도賈島를 이른다. 시에 율곡이 비승비속非僧非俗을 말했다. 심장원은 이이의 전세前世, 즉 설잠雪岑시절의 도반道伴이라 한다. 심장원은 진사進士로써 고요히 폐관수행閉關修行을 하다가 일생을 마쳤다. 진사進士에 나아간 것은 부역負役을 피해 고요히 관심법觀心法으로 일생의 공부로 삼기 위한 부득이한 수단으로 보인다. 심장원은 남효온南孝溫의 후신이라는 설이 있다.

만약 심장원이 남효온의 후신이라면 전세의 거친 행적과 39세에 요절하여 진정공부眞正工夫에 전일全一하지 못했음을 반성하는 인생이었을 것이다. 남효온은 젊은 시절 김시습에게 배웠으나 단술丹術에 빠져 옆길을 가다가 김종직을 스승으로 삼았으나 김종직은 도심道心공부를 밝히 알지 못했다. 기세棄世 이년 전에 다시 김시습을 찾아서 주견主見를 고치고 약호부藥壺賦를 지었다. 약호부藥壺賦에 김시습을 부자夫子로 칭했다. 부자夫子는 관천요일貫天了一의 뜻이다.

禪詩 第156目 觀景吟 李珥, 無着

學道卽無着 학도즉무착
隨緣到處遊 수연도처유
暫辭靑鶴洞 잠사청학동
來玩白鷗州 내완백구주
身世雲千里 신세운천리
乾坤海一頭 건곤해일두
草堂宿寄者 초당숙기자
梅月景風流 매월경풍류

도道를 배운 즉 집착執着이 없으매라
인연따라 도처에 소요逍遙하네.
청학동을 잠시 이별하고
여기 와서 백구주白鷗州를 완상하노라.
신세는 구름 천리千里요
건곤이라! 바다에 솟는 파도거품 같나니.
풍암豐巖의 초당에 하룻밤 자고 가는 이
매월당梅月堂의 풍류가 비치도다.

이이李珥가 풍악산에서 보응화상普應和尙과 함께 하산하였는데, 풍암豐巖 이광문李廣文의 초당草堂에 하룻밤 머물며 읊는다. 설잠雪岑 시절의 적취積翠를 회상하는 특장特長이 보인다.

"매월당梅月堂의 풍류"라 함에 전세의 행적을 엿보며 빙긋 웃고, 건곤乾坤을 한때의 파도거품으로 본다. 시취詩趣는 무착관세無著觀世이다.

"건곤乾坤이라! 바다에 솟는 파도거품 같나니."

라 하여 하늘과 땅도 나타났다가 사라지는 그림자나 파도거품으로 보았다. 이 가운데 도심道心이 적연寂然하여 불사不死를 비추어 드러내었다. 이런 연유로 선가禪家에서 이이李珥의 견처見處를 염혜지焰慧地로 보기도 한다.

禪詩 第157目　　過月精寺 李珥

五臺山下月精寺	오대산하월정사
門外清溪不息流	문외청계불식류
可笑衲僧迷實相	가소납승미실상
只將無字謾推求	지장무자만추구

오대산五臺山 아래 월정사月精寺라
산문山門 밖 청계清溪는 쉼 없이 흐르는데
우습고나! 납승衲僧은 실상實相에 미혹하여
다만 무자無字를 들고 부질없이 헤아리누나.

율곡栗谷이 하산하여 보응화상普應和尙과 함께 오대산五臺山 월정사月精寺에 갔다. 선객禪客들과 법담法談을 나눈 뒤, 월정사 산문을 나서며 읊은 구句에 "다만 무자無字를 들고 부질없이 헤아리누나."라 함에 율곡의 견처見處가 높음을 본다.

대저 선수행禪修行이란 자성自性을 회광반조廻光返照하는 공부인데 애써 무無자에 매달리는 것을 지적한 것이다. 무無자 드는데 힘을 빼앗기면 다만 무無자 드는 사람일 뿐이다.

달마대사가 "관심觀心의 한 법이 모든 공부방법의 으뜸이다. [觀心一法總攝諸行]"라 하였다. 관심법觀心法의 내용은 회광반조廻光返照이다. 이이李珥가 간화선看話禪의 병통을 곧질러 읊어 보인 것이다. 咄!

禪詩 第158目　　閑居詠 申欽, 千古

西風撼井闌　서풍감정란
一葉梧桐雨　일엽오동우
底事玄軒翁　저사현헌옹
幽愁入千古　유수입천고

가을바람이 우물가를 흔들면
오동잎 하나가 비[雨]가 된다네.
현헌옹玄軒翁은 무삼 일로
그윽히도 천고千古의 념念에 드는고.

소해 素解

상촌象村 신흠申欽의 일념송一念頌이다.

가을바람이 수런수런 불어오고, 오동잎이 하릴없이 나는 것이 무슨 시詩가 되는 것인가? 그러하긴 하나 사람과 세상의 본래本來는 적연寂然하다. 적연寂然을 여의지 않고 시절따라 모습을 변화해 보이는 것 역시 본디[本來]의 소식이다.

현헌옹玄軒翁은 그 가운데 세월을 지우고 홀로 태초太初 이전以前을 본다. 다만 홀로 그윽히 본다. 그 봄[見]은 정념情念을 지운 본무本無의 무위처無爲處이다.

현헌옹玄軒翁은 신흠 자신의 별호別號이다. 천고千古의 념念이란 무심삼매無心三昧를 의미한다.

禪詩 第159目　　桐梅月柳 象村

桐千年老恒藏曲	동천년노항장곡
梅一生寒不賣香	매일생한불매향
月到千虧餘本性	월도천휴여본성
柳經百別又新枝	유경백별우신지

오동나무는 천년에 항상한 곡조曲調를 지니고
매화는 일생 냉천冷天에 꽃피우나 향기를 팔지 않으며
달은 천고千古에 이지러짐을 거듭해도 본성本性은 그대로요,
버들은 백번 꺾어져도 새 가지를 돋누나.

소해 素解

상촌이 동桐 매梅 월月 유柳에 비유하여 성性의 본연本然을 노래했다. 변역變易이면서 불역不易하는 도리道理를 읊은 것이다.

공자 이르길 '회사후소繪事後素'라 하였다. 회繪는 성설性說의 논법論法이요, 소素는 성性을 가리킨다. 성性을 깨친 연후에 성性의 내용을 밝히 알아 설說할 수 있음을 말한다.

천하의 도道를 이르건대 변역變易이 곧 불역不易이요, 만사萬事가 곧 이간易簡이다. 상촌象村의 시취詩趣는 불천의不遷義이다.

禪詩 第160目 大覺賦 抽抄 象村, [原文省略]

현헌자玄軒子: 象村가 앎[知]과 유위有爲를 버리고 자연의 기운氣運에 드나들며, 있음[有]과 없음[無]을 초월超越하고 정情의 경계를 없애 버렸네. (...중략...)

유유자적悠悠自適하고 온화溫和한 궤거几遽: 상고제왕上古帝王를 벗 삼고, 희(희농羲農: 복희씨伏羲氏와 신농씨神農氏를 합칭)을 내려다보며 조물자의 경지에 나아가려고 한다오. (...중략...)

그대 또한 잠[夢]과 깨는[覺] 것을 아는가? 물(物)과 내[我]가 곧 하나인데 무엇이 뒤이고 앞이겠는가. 죽음[死]과 삶[生]도 같은 뿌리이므로 삶[生]과 죽음[死]이 한 가지 자취일세. (...중략...)

봄풀[春草]도 피어나게 해 준 것을 고맙게 여기지 않고, 가을 잎 새[秋葉]도 떨어지는 것을 원망怨望하지 않나니, 이 [조화造化의 실實이] 있는[有] 것인가, 없는[無] 것인가? 망(芒; 까끄라기)인가, 홀笏(피리가락 맞추기)인가? (...중략...)

자고[夢] 깨는[覺]데에 대해서 그대는 그렇게 수다스러이 비유比喩하지 말지어다.

소해 素解

상촌象村의 견처見妻로써 사생死生을 벗어난 경계를 기일게 읊었다.

禪詩 第161目　　思東坡 抽抄 申欽

是非俱兩空	시비구양공
歷劫如擲妄	역겁여척망
枉直誰更分	왕직수갱분
賢邪竟同料	현사경동료

시是와 비非가 다 공空하나니

역겁歷劫은 던져버려야 할 망견妄見.

굽고 곧음을 누가 다시 분별分別하는가?

현賢과 사邪를 두나 끝내 한 몸 일세.

신흠은 소동파蘇東坡를 존숭하였다. 소동파의 노정과 공부의 나아감이 동파집東坡集에 소롯 담겨 있다. 동파집은 읽는 이의 안목 따라 천차千差의 감상평이 있으나 동파의 견처見處를 엿보는 이는 드물다.

상촌의 '사동파음思東坡吟' 가운데 4행을 추초抽抄하여 음미해 본다. 상촌이 시비是非와 현사賢邪의 공空을 꿰뚫어 본다.

또한 사생死生이 상촌을 어찌하지 못하는 까닭에 사생死生을 싫어하지 않는 것이다. 상촌의 시조時調 '불노초不老艸'에 사생死生에서 벗어났음을 노래하였다. 시취詩趣는 공겁空劫 밖에 거처한다. 상촌이 스스로 전세前世에 선사禪師라 읊었다.

不卽不離吟 申欽

날을 뭇지 마라 전신前身이 주하사柱下史ㅣ리
청우靑牛로 나간 후後에 몃 ᄒᆡᆫ 마ᄂᆡ 도라왔나
세간世間이 하 다사多事ᄒᆞ니 온동만동 ᄒᆞ여라

-현대어 풀이今語的解-

나를 묻지 마시게! 전신이 선사禪師라네
목우행牧牛行으로 나간 후에 몇 해 만에 돌아왔나
세간살이 다사多事하여도 온동만동[不卽不離] 하여라

신흠이 자기의 전신前身이 선사禪師라 한다. 목우행牧牛行 즉 전세에 임성수연任性隨緣의 공부를 나아갔는데 깨어보니 신흠申欽이란 선비의 몸으로 벼슬살이 하다가 춘천으로 유배流配와서 즐거이 지낸다고 한다.

세상에 짝할 벗이 없어 홀로 자적自適을 읊었다. 사생死生을 벗어나 소요함을 일러

"부즉불리不卽不離의 망세한거忘世閑居"

라 한다. 이 세상에 왔어도 온 바 없고 전신轉身=後身하여도 떠난 바 없음의 뜻이다. 부즉불리不卽不離에 거처하므로 "온동만동"이라 한 것이다.

"부즉불리不卽不離"의 소식消息은 대선사大禪師의 토로吐露이다.

禪詩 第163目 邵雍, 天心

月到天心處　월도천심처
風來水面時　풍래수면시
一般淸意味　일반청의미
料得少人知　요득소인지

달이 천심天心에 비치고
바람이 물 위를 지남이라
일상日常에 해맑은 뜻일세라
이 도리道理를 아는 이 몇이나 될런고.

소옹邵雍의 호號는 강절康節이다. 천심天心은 도심道心의 다른 이름이니 곧 성性의 본연本然이다. 일상日常에 그 도리가 완연完然하나 필부가 알지 못한다. 소강절邵康節의 개오송開悟頌이다.

소강절이 문인門人 정명도程明道에게 말하였다. "이 도리道理는 세속世俗에 전하지 않느니라." 시취詩趣가 청한淸閑하다.

소강절이 여가에 황극경세皇極經世를 저술했다. 세인世人의 답답함을 덜어주고자 방술方術을 지었으나 속사들이 저속하게 해석하여 명리술로 이해하여 안타까운 바 없지 않다.

소강절은 3조 승찬僧璨대사의 신심명信心銘과 6조 혜능惠能대사의 단경壇經을 읽고 견처見處를 저울질했으나 선사禪師와 도사道士들과는 직접교류가 없었다. 소강절의 견처見處는 천망지견天網知見으로 보인다.

禪詩 第164目　　邵雍, 太平世

生干太平世	생간태평세
長干太平世	장간태평세
老干太平世	노간태평세
死干太平世	사간태평세

태평한 세상에 태어나
태평한 세상에서 자라고
태평한 세상에서 늙어
태평한 세상에서 죽나니라.

소해 素解

소강절邵康節이 천하가 본래本來로 태평한 줄 알았다. 그 방도는 묵좌수신默坐修身이다. 수신修身의 내용은 관심법觀心法이요, 결과는 명성明性이다. 명성明性의 지름길은 사무사思無邪의 자득自得이다. 사무사思無邪의 경지를 맛보면 수신修身 연후에 치국평천하治國平天下가 차례를 두지 않고 절로 따르는 것을 볼 수 있다.

개오開悟하면 세상이 본래本來 태평한 줄을 알게 되는 것이다. 필부가 신해信解하기 어려우나 만고불변의 진리이다.

소강절의 견처見處가 천망지견天網知見에 거처함을 확인할 수 있는 태평가太平歌이다. 누가 있어 태평太平한 세상에 태어나 자라고 늙어 죽는 줄 아는가? 세상과 사람은 본래本來 태평太平이다. 咄!

禪詩 第165目　　悟道頌 白峰居士, 鐘聲

忽聞鐘聲何處來	홀문종성하처래
寥寥長天是吾家	요요장천시오가
一口呑盡三千界	일구탄진삼천계
水水山山各自明	수수산산각자명

홀연히 들리는 종소리 어데서 오노
까마득한 하늘이라 내 집안 분명하이
한 입으로 삼천계三千界를 삼켰더니
물은 물, 산은 산 스스로 밝더구나.

백봉거사白峰居士의 오도송悟道頌은 마조선사馬祖禪師의 "일구흡진서강수一口吸盡西江水"의 제題에 답한 듯하다. 백봉거사는 육조대사와 마조선사와 방거사의 견처見處를 가리켜 자주 설했다.

백봉거사가 함박눈이 오는 한밤의 산중 바위에 앉아 삼매三昧에 들었다가 깨어나 게송偈頌을 읊은 것이 위의 오도송悟道頌이다. 삼매三昧에 들었을 때 사방 백척百尺에 광명光明이 하늘로 치솟고 뻗치었다. 산 밑 마을사람들이 산에 불이난 줄 알고 찾아오니 바위 위에 백발의 노인이 눈에 덮힌 채 앉아 있었던 것이다. 이후 하룻 동안 몸에서 빛이 쏟아져 나왔다. 같이 좌선坐禪하던 벗[道伴]들이 무의식적으로 일어나 절을 하며 법문을 청하였다.

백봉白峰거사의 선시집禪詩集 벽오동碧梧桐 서문에 이른다. "청산靑山에 백운白雲이 걸렸으니 시심詩心이 움직이고 녹수綠水에 명월明月이 잠겼으니 또한 시심詩心이 움직인다. (…중략…) 태허太虛 중에 뿌려놓은 온갖 인연因緣의 씨를 되새기며 한 가닥의 여김을 나투어 본다. (…중략…) 오백생五百生의 숙연宿緣과 함께……."

禪詩 第166目　　啓導頌 白峰居士, 如是

如是如是是如是　　여시여시시여시
如是外別無如是　　여시외별무여시
世人不知是如是　　세인부지시여시
左往右往覓如是　　좌왕우왕멱여시

이러히 이러하니 이것이 이러하네.
이러히 밖에 따로 이러함 없는거이
사람들은 모른고야 이것이 이러함을
이곳저곳 헤매이며 이러함을 찾는구나.

소해 素解

선문禪門의 나그네가 마음을 밝히려 수행에 힘쓰나 필경에 다만 이 마음이거라. 밖에서 찾으면 천년에 허송세월虛送歲月이요, 망심妄心을 버리려 하며 진심眞心을 구하면 백년세월百年歲月이 헛걸음이다.

망심妄心을 돌이켜보아[廻光返照] 소리와 모습 없는[無聲無相] 당체當體를 비추면 곧 진심眞心일지다.

마음공부란 버리거나 더하는 것 아니거니, 다만 지금 보고 듣는 자리를 여의지 않고 청정淸淨히 관觀할지다. 깨면 당장當場의 이 마음이요, 어두우면 천리千里 밖이다.

禪詩 第167目 啓導頌 白峰居士, 生滅

不去不來處 불거불래처
生滅者何物 생멸자하물
泰山刮目來 태산괄목래
綠水掩耳去 녹수엄이거

가고 옴이 없는 곳에
삶과 죽음은 무엇인가?
태산泰山이 눈 비비고 오니
녹수綠水는 귀 가리고 가누나.

삶이 이러한가? 죽음이 저러한가? 진심眞心은 삶과 죽음에 속하지 아니하건만 세상의 필부들은 계급階級에 힘쓰고 땅을 넓히려 하며 명예名譽의 자취를 남기려 한다. 이 무슨 짓인가?

세상사는 이렇거나 저렇거나 태산泰山은 무심無心히 조올고, 녹수綠水는 함이 없이[無爲] 흐른다. 이 소식에 태초太初가 달아나고 삼세三世가 지워지는 것이다. 哂!

禪詩 第168目　　四句偈 華嚴經, 夜摩天宮偈讚品

心如工畵師　　심여공화사
能畵諸世間　　능화제세간
五蘊實從生　　오온실종생
無法而不造　　무법이부조

마음[妄心]은 그림을 그리는 화가畵家와 같아서
능히 모든 세상일을 다 그려낸다네.
오온五蘊은 다 마음[妄心]따라 나오나니
본래 무법無法을 깨치면 마음[眞心]에 짓는 바 없느니라.

소해 素解

화엄경華嚴經 '야마천궁게찬품夜摩天宮偈讚品'에 나온다.

> "삼세三世의 모든 부처님을 알고자 하면 법계法界의 성품性品 모두가 마음의 조작造作임을 관찰해서 알아야 한다[若人慾了知三世一切佛 / 應觀法界性一切唯心造]."

와 일궤一軌의 뜻이다. 여기서 마음[心]이란 망심妄心을 뜻한다. 그러나 망심妄心의 당체當體가 진심眞心인 것을 알지 못하면 정법正法에서 멀어진다.

禪詩 第169目 四句偈 圓覺經

知幻卽離 지환즉리
不作方便 부작방편
離幻卽覺 이환즉각
亦無漸次 역무점차

환幻인 줄 알면 곧 [妄心을] 여의나니
방편 지을 것 없네라.
환幻을 여의면 곧 깨친 것이라
역시 점차漸次가 없다네.

원각경圓覺經의 사구게四句偈는 직절直截하여 친절한 설명說明이 없다. 간결히 진전眞詮을 설하므로 상근上根은 곧바로 선열미禪悅味에 합하고 열기劣器는 더러 싱거워 한다.

원각경에는 동궤同軌의 요결要訣이 있으니 "이환즉진離幻卽眞"이라 하고 또 "이환즉무부작방편離幻卽無不作方便"이라 설한다. 모두 한 꿰미[一毫]의 설이다.

禪詩 第170目 　　四句偈 涅槃經

諸行無常	제행무상
是生滅法	시생멸법
生滅滅已	생멸멸이
寂滅爲樂	적멸위락

제행諸行이 항상하지 않음이라
이는 생멸법生滅法일세.
생멸상生滅相이 멸滅해 그치면
적멸寂滅이 곧 상락常樂이니라.

소해 素解

필부의 인생에는 곡절曲折과 사연事緣이 적지 않다. 그러나 도인道人의 인생은 적정寂靜으로 평이平易할 뿐이다.

이는 다만 거처居處를 망심妄心으로 꾸물거리느냐, 진심眞心으로 함이 없이 행하느냐에 달려 있을 뿐이다.

세속에서 노장老莊의 사상을 무위자연無爲自然이라 한다. 이는 노장老莊이 진심眞心을 깨쳐서 진심眞心에 거처하기 때문에 붙여진 택호宅號이다.

禪詩 第171目	四句偈 金剛經

一切有爲法　일체유위법
如夢幻泡影　여몽환포영
如露亦如電　여로역여전
應作如是觀　응작여시관

모든 유위법有爲法은
꿈[夢], 환幻, 물거품[泡], 그림자[影]와 같고
또한 이슬[露], 번개[電]와 같은 것,
마땅히 이렇게 관觀해야 하느니라.

금강경의 사구게四句偈는 위 유위법설有爲法說과 "凡所有相 皆是虛妄 若見諸相非相 卽見如來"의 무상설無相說 두 설說을 이른다.

유위법설有爲法說은 유정有情의 허망함을 가리켜 설하고, 무상설無相說은 무상無相을 체득하면 곧 견성見性이라 설하는 것이다.

유위법有爲法을 지나 무위법無爲法에 합동合同하지 못하면 일승一乘의 도리에 들 수 없다. 그런 까닭에 금강경金剛經은 무상無相을 체體로 하고 무주無住를 본本으로 삼는다. 무주설無住說은 "應無所住 以生其心"이다.

禪詩 第172目 開悟頌 程顥[明道], 早紅天然

閑來無事不從容	한래무사불종용
睡覺東窓日已紅	수각동창일이홍
萬物靜觀皆自得	만물정관개자득
四時佳與與人同	사시가여여인동
道通天地無形外	도통천지무형외
思入風雲變態中	사입풍운변태중
富貴不淫貧賤樂	부귀불음빈천락
男兒到此是豪雄	남아도차시호웅

무정無情에 거처하여 일 없으면 모습을 따르지 않나니,
미몽迷夢에서 깨나니 동창東窓에 해가 이미 붉도다.
만물을 무정無情으로 관觀하면 모두가 자득自得할지니,
춘하추동 두렷함이 사람과 더불어 하나로다.
도道는 천지無形의 밖에 통하는데
세사풍운世事風雲은 인심人心 따라 모습을 바꾸누나.
부귀해도 부음不淫하며, 빈천에 즐거움이 한가질세
남아가 이러해야 호웅豪雄이라 하리라.

한閑이라! 한閑이라! 무엇에 한가로운가? 대저 선비가 한閑을 말하나 무정자한無情自閑에 거처하는 인물은 드물다. 소인의 한閑과 군자의 한閑은 같지 않기 때문이다.

소인은 세상사를 멀리하여 은둔하는 것으로 한가롭게 여기고, 군자君子는 일상사日常事의 조차造次에서도 항상하게 한가로운 것이다. 군자는 정情에 속지 않아 무정無情으로 거닌다. 고로 군자는 정情에 한가로운 것이다. "閑來無事不從容 / 睡覺東窓日已紅"과 "道通天地無形外 / 思入風雲變態中"의 소견所見이 어둡지 않다.

앞 시는 정호程顥, 1032~1085의 개오송開悟頌이다. 호號는 명도明道이다. 정호는 어려서 주염계周濂溪에게 배우고, 청년이 되어서는 소강절邵康節에게 배웠다. 소강절에게서 도향道香을 느꼈으나 직지直指가 없었다. 소강절은 개오開悟했으나 사람을 깨우는 기량이 부족했던 것이다.

정호가 여산廬山 동림사東林寺의 동림상총東林常總선사에게 가서 무정설법無情說法을 듣고, 밤새워 정좌靜坐하다가 문득 새벽의 조하朝霞를 보고 개오開悟하였다. 아우 정이程頤는 유심론唯心論을 말하나 유물론唯物論적 형해론자라, 형 정호程顥를 사문난적斯門亂賊이라고 힐난 하였다.

상총常總선사는 황룡혜남黃龍慧南선사의 수문인이며, 소동파蘇東坡, 장무진張無盡, 주염계周濂溪, 정명도程明道의 스승이다.

정호程顥의 개오송開悟頌은 영가현각永嘉玄覺대사와 맹자孟子의 글을 가차假借하여 지견知見의 오처奧處를 읊었다. 맹자에 통해通解가 없으면 송頌을 싱겁게 읽을 수 있다. 남송의 유가儒家에서 명도선생明道先生이라 추숭한 근원은 이 개오송開悟頌 한편에 있다고 할 것이다.

군말을 더하면 정호는 주희朱熹에 의해 북송오자北宋五子의 일인이라 일컬어진다. 오자五子는 소옹邵雍, 주돈이周敦頤, 정호程顥, 정이程頤, 장재張載이다. 정이와 장재는 견처見處와 논설은 한마디로 허망하다. 소위 신유학新儒學은 철리哲理가 하열한 심설이학心說理學이나 소인小人이 따르므로 그 나름의 존중받는 것이다.

신유학파가 북송시절에는 삼소三蘇와 소문사학사蘇門四學士의 그늘에 가려지고 이理와 행行에 허물이 밝혀져 벽촌의 주장에 그쳤다. 정이程頤는 형례形禮와 물상物象을 따라 공문孔門을 어지럽힌 인물이다.

정호程顥는 도심道心을 깨치려는 일념이 있어 어릴 적의 스승 주염계가 동림사의 상총常總선사의 해타를 입고 깨쳤다는 소식을 듣고 상총선사에게 가서 직지直指를 입고 소견所見이 열린 것이다. 개오송開悟頌의 풍격은 중지상품中之上品이다. 정호의 글은 유가儒家의 물취物趣가 짙어 부득이 아래에 시해詩解를 둔다.

-조홍천연早紅天然 시해詩解-

수각동창일이홍睡覺東窓日已紅 수각睡覺이란 정情의 꿈[迷夢]에서 깬 것을 뜻한다. 깨어보니 본래의 진심眞心이 이미 상방대광명常放大光明하더라고 읊은 것이다.

만물정관개자득萬物靜觀皆自得 정관靜觀이란 무정無情의 관觀이다. 무정관無情觀이란 스스로의 마음에 사邪가 없음이니, 곧 사무사思無邪의 경지이다. 사邪란 칠정七情이다. 스스로 해맑아 깨끗하면 만물이 있는 그대로 심경心鏡에 비치는 것이다. 물物에 미루어 정관靜觀하고자하는 자는 둔근외도鈍根外道이다.

사시가여여인동四時佳與與人同 사시四時가 사람을 어지럽히는 것이 아니라, 사람이 칠정七情에 편벽偏僻되어 스스로 어지러운 것이다.

도통천지무형외道通天地無形外 도안道眼은 모습 밖을 비추어 보므로 도안道眼이라 한다. 그러나 비추는 작용과 모습이 없다.

사입풍운변태중思入風雲變態中 마음의 당체當體가 성성惺惺하면 정情이 거처할 곳이 없다. 정명도程明道가 정관靜觀의 맛을 본 것이다.

부귀불음빈천락富貴不淫貧賤樂 논어論語의 말을 옮긴 것이다.

남아도차시호웅男兒到此是豪雄 이는 맹자의 군자삼락君子三樂에 대해, 사무사思無邪를 자득하여 한래무사閑來無事하여야 군자君子라 할 수 있음을 말한 것이다. 정호가 맹자와 등등等等하는 의미가 있다고 하겠다.

禪詩 第173目 過去莊嚴劫 尸棄佛

起諸善法本是幻	기제선법본시환
造諸惡業亦是幻	조제악업역시환
身如聚沫心如風	신여취말심여풍
幻出無根無實性	환출무근무실성

모든 선법善法을 일으킴도 본래 환幻이요

모든 악업惡業을 지음도 역시 환幻이다.

몸은 거품이 모인 것과 같고, 마음[情念]은 바람과 같나니

환幻은 뿌리 없는데서 나오므로 실성實性이 없느니라.

소해 素解

시기불尸棄佛께서 선법善法과 악업惡業이 모두 환幻으로 지어진 것이라 본래本來 있지 아니한 것이라 한다. 몸은 물거품과 아지랑이 같고 마음[情念]은 바람과 같다고 한다.

이 말씀에 즉하여 만약 시기불尸棄佛의 설의說義와 같아진다면 사생死生에서 벗어난 인물이다.

후기後記

불법佛法공부를 하는 사람에게 공통共通된 걱정이 있다. 나는 부처님 말씀처럼 참으로 부처일까? 그렇다면 나도 금생今生에 깨칠 수 있는 것일까? 지금 우리 곁의 세상에 깨친 분이 있을까? 깨친 분은 탐진치貪瞋痴가 없는 것인가? 만약 깨치려면 어떤 관문關門을 거쳐야 하는 걸까? 그 관문關門은 어떤 수행법修行法으로 통과할 수 있는가? 마음이 곧 부처라 하는데 무엇을 일러 마음이라 하는 것인가? 등의 의문과 수행의 바른 길을 밝히 알고자 하는 것이다. 간명히 공부길을 이르자면 범부의 마음에는 두 마음이 있다. 참마음[眞心]과 망령된 마음[妄心]이 그것이다. 깨친 이에게는 오직 참마음[眞心] 뿐이다. 예부터 도道가 높은 스승들이 가리킨 바가 바로 참마음[眞心]이다. 깨침이란 다만 망령된 마음[妄心]을 지우고 참마음[眞心]을 밝히는 것이다. 망령된 마음[妄心]은 환몽幻夢이다. 환몽幻夢을 깨트리면 참마음[眞心]이 드러난다. 고로 환몽幻夢을 깨트려 지우는 것이 관문이 되는 것이다. 옛 스승들의 친절한 가르침도 여기에서 벗어나지 않는다. 수행법이란 환몽幻夢을 깨트리는 수단이다. 이 밖의 군말은 생략한다.

삼벽자三碧子 識

편술자 고고編述者 顧罟

밀주密州 노곡蘆谷 자암서당紫巖書堂 앞집[前家]에서 출생出生.
암학초당嵓壑草堂에서 한농누거寒農陋居 피세독서避世讀書.

청년青年에 헌원씨軒轅氏, 노자老子, 장자莊子의 설을 본받고, 선가구감禪家龜鑑, 전심법요傳心法要, 심명心銘, 종경록宗鏡錄, 기신론起信論, 능엄경楞嚴經, 원각경圓覺經, 능가경楞伽經, 무상경無相經[證道歌], 신심명信心銘, 법성게法性偈 등을 스승으로 삼았다. 젊은 날, 命이 길어 65세 이후에 한두 권의 책을 저술하기로 생각했는데, 어쩌다보니 십여 권의 책을 썼다. 다만 65세 이후에 붓[筆]을 든 것만이 약간은 덜 부끄러운 일이라 하겠다. 돌아보니 77의 나이다. 뒷세상에서 조박糟粕의 붓[筆]으로 세상을 어지럽히지는 않았다는 평評이면 다행이겠다.

금세今世에 마지막으로 선시쇄관禪詩瑣觀을 편술하였다. 후생後生의 청목淸目을 기다리며 우愚는 기세棄世의 날을 기다린다.

著書

禪心四家論, 近世禪客考, 禪客 蘇東坡, 三先生 淸意詩, 述夢瑣言直解, 孔門正路, 六經撮要, 莊子直解, 心學考, 外 多數

編　　著 三碧子
遠　　眺 凝齋先生
照　　觀 白峰先生
窃　　看 金津西江
校　　訂 李時軒
精　　讀 金一然
淸　　讀 朴後松

선시해판 173수

2025년 6월 10일 초판 1쇄 발행

엮은이 碧峙病叟
소　해 三碧子
절　간 金津西江
편　집 조혜민
펴낸이 김병환
펴낸곳 학자원
주　소 서울시 강동구 천호대로 1121 일성하이츠오피스텔
전　화 02) 6403-1000
팩　스 02) 6338-1001
E-mail hakjaone@daum.net
등　록 2011년 3월 24일 제2011-14호

ISBN 979-11-6247-354-2 (93220)
값 32,000원